Yoss

Sobras Encogidas

La Pereza Ediciones

SOBRAS ENCOGIDAS

cuentos de humor

YOSS

Sobras Encogidas

© *Yoss*

Edición: Greity González Rivera

© De esta edición 2023, La Pereza Ediciones, USA

www.lapereza.net

ISBN: 978-1-6237520-4-0

Diseño de los forros de la colección:

Estudio Sagahón / Leonel Sagahón

www.sagahon.com

Portada y Maquetación Julián Herrera

SOBRAS ENCOGIDAS

cuentos de humor

YOSS

LA PEREZA EDICIONES

¡PRILOGANDO!

(presentación casi a modo de excusa)

Siempre ha habido prólogos y epílogos, en la literatura. Y todo parecía muy organizadito y correcto. Hasta que al gran humorista cubano Héctor Zumbado, teniendo en cuenta la cantidad de gente antojadiza que, sistemáticamente, se leía el prólogo después del libro, y/o el epílogo antes, se le ocurrió la caótica idea de crear el prílogo: un texto comodín, al que puede acudirse antes o después... y viceversa.

Genial concepto... como casi todo lo de Zumbado. Y que me disculpen la guataquería con el difunto maestro. Los que no lo han leído, léanlo ya. Que nunca es tarde para adquirir cultura, y más cuando uno puede morirse de la risa en el proceso.

Y los otros lectores (sí: aspiro a tenerlos, iluso que soy) los que no sepan lo que es guataquear, por no ser cubanos... por favor, investiguen un poquito ¿o creen de verdad que el autor se los tiene que dar todo masticado?

No sean abusadores... ni me hagan recordarles aquella clasificación cortazariana del lector macho o activo y hembra o pasivo. Que cualquier feminazi de hoy descalificaría de plano, por misógina y hetero-patriarcal.

Ya concretando, el propósito no muy oculto de este prílogo no es otro que justificar un poquito la curiosa selección de textos que recién leyeron, leerán pronto... o, después de estas líneas, no se van a molestar ni en abrir: ¡tarde, por desgracia! porque ya compraron el libro, que es lo que cuenta. El real McCoy, como dicen los yanquis...

SOBRAS ENCOGIDAS contiene, como su título indica ¡aunque no hay que fiarse de la propaganda capitalista, ya saben, camaradas! algunos de mis cuentos más breves. Escritos en distintas épocas, y/o que no han encontrado todavía acomodo en otros de mis libros ya publicados... que a mis 53 años suman ya 56. ¡Modestia, apártate!

Unos, por ser parte de conjuntos aún inéditos; como *Wabhal el copromante,* la historia que dio origen a mi magnífico (y muy de cerca viene la recomendación, pero hablo en serio...) libro de relatos fantásticos *Los nombres olvidados.*

Otros, por ser... más bien inclasificables, *rara avis* dentro de mi copiosa producción cuentística. Como *Elegido para la evolución; Canis, capucha, contagio; La conjura Kurgán; La saga de Yonkel El Volao; Permiso para helicópteros; y Los meandros de la historia.*

Luego se me ocurrió, para redondear el volumen, incluir unos cuantos relaticos más que, no siendo tan cortos, y aunque ya figurasen en alguno de mis

demás libros... pensé que harían un buen papel aquí, vaya. Optimista que es uno ¿no?

Como *Apolvenusina*; y *Mousse de biochocolate espacial a la solitaria... para dos comensales*, ambos pertenecientes a la colección de paratextos de ciencia ficción *Etc... y otras cosas*. Y *Las chimeneas*, tercera narración del fix-up *País grande, país pequeño*, y uno de mis relatos más conocidos y mejores... o eso, al menos, dicen los críticos. A cuyo criterio, ya se sabe, ningún lector ¡ni tampoco escritor! hace mucho caso.

También, *last but not least*, añadí otros tres cuentos breves: *El globo de bronce; Mariconá gorda* y *Salud para todos*. Textos que, aunque publicados en revistas o antologías cubanas o extranjeras, no es que hayan circulado mucho...

O sea, básicamente y resumiendo... aquí están los cuentos que me dio la gana poner. Porque sí. Porque el autor elige. Y punto.

El título, por cierto, también es un homenaje al libro de otro maestro del humor cubano... (y noten que me incluyo en el gremio ¿autosuficiente, yo?) Nada menos que *OBRAS ENCOGIDAS*, de Enrisco, o Enrique del Risco, como más rabia les dé. Un conjunto de cuentos que mereciera un premio Pinos Nuevos en su día, a principios de los 90, y 200% genial, en serio... y en broma también.

Además, debo aclarar que en estas páginas, defecándome olímpicamente en las convenciones de género, reuní, sin orden ni concierto, cuentos de los tres subgéneros de la narrativa que practico: ciencia ficción, fantasía y realismo.

Adivinen ustedes a cuál pertenece cada texto... si pueden.

Porque en Cuba, donde Franz Kafka podría haber sido un escritor costumbrista más, ¿qué tiene de raro que un hombre se despierte una mañana convertido en cucaracha... en un país donde todos los días hay cucarachas que son nombradas ministros? estas tres vertientes suelen terminar confundiéndose, y confluyendo alegremente, en el surrealismo y el absurdo cotidianos. Y a nadie le parece extraño.

Eso sí: como alguna virtud tenía que tener, esta selección, busqué un denominador común en todas estas narraciones: el humor. Son textos cómicos... o que pretenden serlo, en todo caso.

Vaya: que aspiro a arrancarle a cada lector, como mínimo, una carcajada por cuento. Preferiblemente una de esas risotadas largas y sabrosas, que hacen aguantarse la barriga y dejan un delicioso dolorcito en las comisuras de la boca.

Claro que, si no lo consigo, me daría por satisfecho si obtengo de ustedes, al menos, una sonrisita reflexiva. Que ya es bastante, en estos tiempos de pandemia, cuarentena, crisis económica, guerra Rusia-Ucrania y caras largas.

Y si no logro ni eso... por faplís: no me lo digan. No me envíen correos electrónicos lapidarios (por eso no pongo mi email) ni lo pongan en las redes sociales. Déjenme seguir creyendo que soy gracioso. Que no se le quita un hueso a un niño, una ilusión a un perro, ni un juguete a un hombre...

Ah, creo que no era así... pero, como decía Silvio Rodríguez: es igual aunque no sea lo mismo... y eso tampoco es literal, me temo.

En fin: que esto es para reírse ¿eh? Ya están advertidos...

APOLVENUSINA

A Pedro Cabiya, por su Madreperla, el original.
Este es sólo un descarado plagio en clave de CF.

¿ Su sueño es parecerse a una estrella de cine, un cantante o un deportista famoso?

¿Opina que su rostro o su cuerpo no son perfectos? ¿Qué le sobran centímetros de nariz o de talle, que le faltan de seno, espaldas o estatura? ¿No está satisfecho con el color de sus ojos, su cabello o su piel?

Si está cansada de llevar tacones altos y sujeta-dores con relleno; si no tiene tiempo, deseos o cons-tancia para sufrir dietas o sudar en el gimnasio; si es alérgico a los lentes de contacto cosméticos, los tintes y las pelucas o demasiado perezoso para usar-los; si la cirugía estética lo asusta...

Apolvenusina puede ser la respuesta a todas sus insatisfacciones.

Coloque una píldora bajo la lengua, concéntrese durante cinco segundos en el aspecto que desea tener y luego escúpala. Mírese ahora al espejo. La metamorfosis lo dejará estupefacto... ¡y totalmente satisfecho!

Aspecto pensado, ¡aspecto logrado! **Apolvenusina** lo hace.

Su ingrediente activo modifica casi instantáneamente los cromosomas de su código genético y el fenotipo por ellos determinado hasta igualar la imagen corporal que usted haya previamente elegido. La metamorfosis es definitiva e irreversible.

Miles de mujeres son ahora felices dobles clónicas de Shakira, Britney Spears o Julia Roberts gracias a la magia de *Apolvenusina*.

Miles de copias de Brad Pitt, Mel Gibson y Justin Timberlake caminan hoy orgullosos por el mundo después de haber usado *Apolvenusina*.

Si quiere usted tener la cara de Catherine Zeta Jones, los senos de Pamela Anderson y las piernas de Cher ¡pruebe *Apolvenusina*!

Si su sueño son los músculos de Arnold Schrwarzenegger y el rostro de Steve Tyler ¡*Apolvenusina* obrará el añorado milagro!

El dios Apolo y la diosa Venus habrían usado *Apolvenusina*. ¿Por qué no usted?

¡No se necesita receta médica! ¡Pídala HOY a su farmacéutico o distribuidor!

CIRCULAR 23-MK-00034

Apolvenusina es una marca registrada Bayer-Bell-NASA.

Por Orden de la Comisión Internacional para Medicamentos y Narcóticos, el trust comercializador está obligado a adjuntar el siguiente folleto de instrucciones a cada embalaje comercial o muestra gratuita del producto, lo mismo que a todo anuncio, publicidad o instrucción relacionada con el almacenamiento, venta o uso de la sustancia Metamorfosato de Ultragenina-Beta III, ingrediente activo de la *Apolvenusina*.

Apolvenusina se comercializa exclusivamente en frascos de 20 tabletas. Rechace cualquier envase que contenga un número superior o inferior de píldoras o grageas, cuyo sello de fábrica falte o esté roto o no se presente acompañada de este manifiesto.

La venta y/o distribución de *Apolvenusina* sin el siguiente documento constituye un delito según la circular federal 23-MK-00034 y puede ser penada con multas de hasta 25 000 dólares y privación de libertad de hasta 5 años, o ambas.

Si usted tuviese conocimiento de cualquier material publicitario que fomentase la venta de *Apolvenusina* sin dicho manifiesto, tiene la obligación de reportarlo con la mayor brevedad posible. De lo contrario podrán formularse en su contra cargos por complicidad en el delito de engaño al consumidor.

La empresa publicitaria o editorial o cualquier otra persona legal implicada directa o indirectamente en el diseño y/o distribución de material propagandístico sobre *Apolvenusina* que careciese del ya citado manifiesto podrá ver clausurados y/o confiscados sus activos, amén de ser penalmente acusada del delito arriba citado.

Ninguna parte de este manifiesto podrá ser modificado en su sintaxis, vocabulario o puntuación, so pena de enfrentar los cargos ya mencionados.

ADVERTENCIA:

Lea cuidadosamente estas instrucciones antes de utilizar *Apolvenusina* y sígalas al pie de la letra. No han sido redactadas para causarle molestias innecesarias; su objetivo es protegerlo de las posibles consecuencias secundarias desagradables del uso de este revolucionario medicinal.

Mantenga la *Apolvenusina* alejada del alcance de los niños y mascotas.

RECOMENDACIONES PARA EL EMPLEO:

Para facilitar una mejor concentración en los rasgos anatómicos deseados, recomendamos el empleo de una gragea de *Apolvenusina* para la transformación de cada rasgo corporal deseado, así como utilizar fotos o videos como apoyo para su imagen mental.

El tiempo de permanencia bajo la lengua no debe superar los cinco segundos exactos. Aconsejamos el uso de un cronómetro digital fiable y con baterías nuevas. El lapso debe ser medido a partir del momento exacto en que la píldora haga contacto con la mucosa sublingual. La expulsión, una vez ejercido su efecto, debe efectuarse con un esputo enérgico y decidido. Recomendamos una previa ejercitación con grageas placebo del mismo peso, consistencia y volumen. Bayer-Bell-NASA suministra gratuitamente un frasco de las mismas a todo comprador de *Apolvenusina*.

Desaconsejamos vivamente que *Apolvenusina* se utilice en presencia de otras personas. Estas podrían representar un factor de distracción e influir negativamente en el resultado final. Por otra parte, si el tiempo de permanencia sublingual llega a seis o siete segundos, al escupir la píldora utilizada se expele también un gas genéticamente específico, inocuo para el que la usó pero a menudo letal para cualquier otro ser humano que se encuentre a menos de diez metros de distancia.

Mantener 8 ó 9 segundos bajo la lengua la gragea de *Apolvenusina* ocasiona en un 80% de los casos la regresión total o parcial de los genitales masculinos o femeninos. En el otro 20% no se produce degeneración anatómica de los órganos reproductivos, pero sí esterilidad irreversible.

La exposición de la mucosa sublingual por 10 segundos o más a la *Apolvenusina* suele provocar la aparición del mal de Hoptchkins, melanomas, linfomas u otros tumores malignos, generalmente no operables.

CONTRAINDICACIONES:

No utilice *Apolvenusina* si:

—Alguna vez en su vida ha consumido alguna de las siguientes drogas: café, marihuana, opio y sus derivados, o cocaína.

—Durante los últimos cinco años ha bebido más de 50 ml de alcohol o fumado más de 5 cigarrillos al día.

—Tiene menos de 14 años.

—Está empleando algún anticonceptivo hormonal.

—Consume regularmente medicamentos contra la gastritis, la cefalalgia o la diabetes.

—Ha tenido relaciones homosexuales durante los últimos seis meses.

—Ha viajado alguna vez al espacio cósmico.

Consulte a su médico antes de emplear *Apolvenusina* en caso de que sufra de acné, anosmia, sordera, otitis, ceguera, conjuntivitis, miopía, hipermetropía, astigmatismo, retinosis pigmentaria, tartamudez, labio leporino, paladar hendido y/o problemas de ortodoncia.

Se desaconseja enérgicamente el uso de *Apolvenusina* a los pacientes bajo tratamiento psiquiátrico con barbitúricos, anfetaminas u otros antidepresivos.

Si se le ha diagnosticado sicklemia, fenilcetonuria, hemofilia, xerodermia pigmentaria o albinismo, manténganse más de 10 metros de distancia de *Apolvenusina* o cualquier otro preparado que contenga Metamorfosato de Ultragenina-Beta III.

No permita ningún contacto de sus tejidos corporales con *Apolvenusina* si:

—Consume preparados a base de esteroides o cortisona, o los ha consumido hasta hace menos de dos semanas.

—Presenta síntomas de catarro o gripe.

—Es alérgico al huevo.

—Se encuentra sometido a una dieta de menos de 2500 calorías diarias.

—No ha padecido de sarampión, varicela u otras enfermedades autoinmunizantes.

—Ha sufrido la extracción de uno o varios dientes hace menos de un mes.

No utilice *Apolvenusina* conjuntamente con agua efervescente, Coca-Cola, Pepsi-Cola u otra bebida gaseada que contenga dióxido de carbono.

Suspenda por completo el uso de *Apolvenusina* si:

—Sufre reacciones alérgicas como oscurecimiento, enrojecimiento o aparición de lesiones vesicosas de la piel. También parpadeos descontrolados, parálisis muscular tetaniforme, vómitos crónicos, hemorragias nasales, diarrea o impotencia.

—Experimenta pérdida del apetito o estreñimiento.

—Presenta calambres o parálisis faciales totales o parciales.

—Sus dedos comienzan a unirse por una membrana interdigital de color púrpura.

—Desarrolla sensibilidad visual a los rayos gamma.

—Aparece sangre en su orina o heces fecales.

—Sus deyecciones conservan la movilidad después de abandonar su recto intestinal.

—Empieza a sentirse como un excremento.

—Sufre una pesadilla recurrente y totalmente absurda en la que heces fecales inteligentes provenientes del planeta Beta III de una dimensión paralela, con manos dotadas de membranas interdigitales de color púrpura y ojos solo sensibles a los rayos gamma, le informan que se proponen conquistar La Tierra como venganza al robo continuado de sus huevos, que serían las grageas de *Apolvenusina*.

No mencione los nombres de Albert Einstein o Paul Dirac a menos de diez metros de distancia de cualquier píldora de *Apolvenusina*.

No se burle JAMÁS de *Apolvenusina*. NINGUNA distancia es segura.

¡MUY IMPORTANTE!

El ingrediente activo de *Apolvenusina*, Metamorfosato de Ultragenina-Beta III, es una proteína levógira supercompleja cuya estructura espacial fue copiada de un universo alternativo por la NASA y los Laboratorios Bell durante sus experimentos con el Portal Transdimensional Controlado.

Utilizada correctamente, *Apolvenusina* soluciona la fealdad, la monotonía anatómica y la baja autoestima. Su uso indebido, sin embargo, puede ocasionar consecuencias como la degeneración total o parcial del esqueleto y/o de la piel, la caída de la nariz y los ojos y otras que dañen de modo grave e irreversible su apariencia personal y su salud.

22 de abril de 2005

MOUSSE DE BIOCHOCOLATE ESPACIAL A LA SOLITARIA... PARA DOS COMENSALES

Para Erelvis Jiménez y
Roberto Armas Saladrigas

La confección original de este exquisito postre, casi emblemático de nuestra época de la conquista del espacio, se atribuye a Ijon Tichy en 2103... aunque algunos detractores del célebre cosmonauta refutan esta hipótesis, alegando que la receta de marras no aparece siquiera mencionada en ninguno de los tomos de sus bien conocidos *Diarios de las Estrellas*. Grande es la envidia humana... y aún más la extraterrestre.

Lo que sí resulta indiscutible es que fue Rodolfo -Rudy- "Albahaca" Turturro quien no sólo la bautizó con el nombre con el que aún hoy es conocida, sino quien, sobre todo, la volvió galácticamente famosa en 2135, al prepararla a bordo de la Astronave Extra Sistemas *"Muummeenuh"*, de la Nohemi Space Ships, durante su primer año de crucero a bordo, aún en calidad de Ayudante del Jefe de Cocina. Aunque el dato tampoco consta en su muy consultada *Memorias de un cocinero de astronave*, existen varias decenas de entusiastas testimonios de los afortunados pasajeros de aquel viaje que lo corroboran fehacientemente.

Desde aquella hoy tan lejana fecha, el *mousse* de biochocolate espacial "a la solitaria" ha sido el postre favorito de todos los astronautas embarcados en viajes sin compañía... y lógicamente ansiosos de ella. Se calcula que varias decenas de toneladas de este delicioso manjar se han preparado en nuestra Vía Láctea, y eso sólo considerando las confeccionadas por los pilotos de guardia de las astronaves antorcha-barredoras generacionales, obligados a turnos que necesariamente implican largos meses de soledad.

INGREDIENTES NECESARIOS:

1)- 1/2 (medio) kilogramo de cacao (*Theobroma cacao***) puro en polvo:** si no se dispone del mencionado polvo de chocolate, puede también servir cacao en tabletas, después de rallado, o hasta manteca de cacao... sólo que entonces el *mousse* quedará de un aséptico color blanco, no tan agradable como los ricos tonos pardos que se logran con el producto entero.

Por favor, evite encarecidamente recurrir a sucedáneos artificiales o especies transgénicas como el chocomaíz (*Theobromazea cacaomays*) lo mismo que a formas de chocolate preparadas con fines laxantes. Los resultados pueden ser... por completo sorprendentes, pero con una fuerte tendencia a lo desagradable, según demuestran los más serios estudios.

2)- 1 (un) litro de nata de leche de vaca (*Bos taurus***) pura y previamente refrigerada:** El uso de nata obtenida a partir de leche pasteurizada, semidescremada o incluso evaporada o condensada, (aunque resulta especialmente trabajoso) tras haber sido correspondientemente hidratada, está permitido, lo mismo que el de nata lograda a partir de la leche de especies bóvidas terrestres afines como el búfalo de agua (*Bubalus bubalis*); el búfalo cafre o africano (*Sycerus cafer*); el bisonte americano (*Bison bison*); o el europeo (*Bison bonasus*). Ni siquiera deberían existir reparos teóricos contra el uso de la leche de uro o auroch genéticamente recuperado (*Bos taurus primigenius*) o incluso leche de soja (aunque algunos puristas extremos vetan todo lo que sea diferente de la leche de vaca 100% real, e incluso se enfrascan en largas discusiones sobre si es mejor la obtenida de ejemplares pertenecientes a la raza Suiza Parda o la de las Holsteins)

Advertencia importante: No intente bajo ningún concepto recrear la presente receta con las mal llamadas "leches" de criaturas extraterrestres, como los draguipavos de Colimán IV (*Dracubirdius horribilis*) o los tiburones policéfalos volantes de Swemartha

XVII (*Sharkopavornis aeris*). Las propiedades alimenticias de los concentrados proteicos regurgitados por unos y secretados por las pieles de los otros son altas, sin duda, ¡basta considerar las enormes dimensiones de los adultos y la vertiginosa tasa de crecimiento de las crías de ambas especies alienígenas! pero también la cantidad de enzimas y hormonas extrañas que contienen.

Le recordamos que la verdadera leche sólo es producida por los mamíferos, un grupo zoológico evolucionado únicamente en la Tierra. No acepte sucedáneos mamiferoides. Por otro lado, inclusive de entre los mamíferos terrestres, no es recomendable emplear leche de ballena, león, perro, foca u otros miembros de este *phyllum*... como con el chocolate laxante o sustitutos sintéticos. Los resultados de "cambiar la vaca por el delfín" podrían ser más bien incómodos.

Por lo mismo no se recomienda intentar la confección de la receta con otros derivados lácteos como yogurt o requesón, aunque se hayan obtenido de auténtica leche de *Bos taurus* terrestre.

La mantequilla, por otro lado, sí que puede emplearse sin problemas, sólo que el sabor logrado es mucho más crudo y fuerte... con las consecuencias fácilmente deducibles que de ello se derivan.

3)- 1 (un) litro de agua: Los requerimientos de este líquido no son especialmente rígidos. Mientras que se trate de H2O (y no, por ejemplo, de H2O2, agua oxigenada) la cantidad de impurezas orgánicas o inorgánicas y metálicas o no metálicas que puede contener no resulta un factor decisivo, lo mismo que su dureza o PH. Sirve lo mismo el agua destilada. Eso sí: se recomienda evitar el uso de aguas pesadas, con isótopos como tritio o deuterio en lugar de hidrógeno común; los resultados (sabor y consistencia) no varían, pero como todo el mundo sabe, la ingestión de materiales radiactivos en dosis masivas no es muy beneficiosa para la salud humana.

4)- Un cuarto de kilo (250 gramos) de azúcar: Básicamente, sacarosa (C12H22O11) disacárido dextrógiro. Da igual si su forma de presentación es en terrones, como polvo, y si su condición es refino, turbinada o morena. El origen tampoco es importante: puede ser obtenida lo mismo de caña de azúcar (*Saccharum officinarum*) que de remolacha azucarera (*Beta vulgaris*, variedad *altissima*) o incluso arce o maple (*Acer saccharum*), que mediante métodos de síntesis artificial. Lo único esencial es que se trate de sacarosa (monosacáridos como la glucosa o fructuosa no logran la misma calidad de sabor en el postre final) y que no sea levógira, ya que la asimilación por el metabolismo humano de esta clase de estereoisómeros o enantiómeros resulta del todo imposible, aunque su sabor sea indistinguible de los dextrógiros.

5)- 600 (seiscientos) gramos de huevo fresco:
Lo mismo que con el agua, las exigencias respecto
al origen este ingrediente no son muy estrictas. Rudy
"Albahaca" Turturro usó principalmente huevos de
gallina (*Gallus gallus*), pero se dice que en una ocasión, por una apuesta, un cocinero empleó huevos
de avestruz (*Struthio camelus*)... claro que en reduci-
da cantidad, dado su mayor tamaño. Pero, al menos
en teoría, es posible usar con el mismo éxito los
huevos de cualquier ave, terrestre o no, y hasta los
de algunos reptiles. Basta considerar muy cuidadosamente los pesos y cantidades.

Obviamente, los huevos de los quelonios o grupos
zoológicos afines, dado que las albúminas de su clara
no se endurecen del mismo modo, no son recomendables, lo mismo que los de especies extraterrestres
como el grifoide de Ar-Guliag VIII (*Trifibius entereobla-
sticus*), pues aunque sean enormes, los embriones
en su interior también lo son... y tan agresivos desde
el momento mismo de su fertilización (resulta imposible obtenerlos "vírgenes") que verter uno en la
mezcla podría significar quedarse con las ganas de
comer postre...

6)- Sal (NaCl, cloruro de sodio) a gusto: Por supuesto, la cantidad de este ingrediente, o incluso su
misma adición, depende de cada cocinero... o comensal.
En cualquier caso, sin su presencia es mucho más

difícil que cuaje el *mousse*. Pero mejor no exagerar; la hipertensión arterial acecha...

7)- 150 (ciento cincuenta) miligramos de caldo de coacervados del planeta Oparin: Este es el ingrediente clave de la receta, el que establece la diferencia con otros *mousses* más convencionales. La obtención de esta singular sustancia podría parecer muy complicada, ya que normalmente no se le emplea en ninguna otra receta conocida, pero dadas la popularidad del planeta Oparin como destino turístico y la abundancia de este tipo de agregados bióticos precelulares en el mar poco profundo que ocupa casi el 50% de su superficie (en algunas tiendas de recuerdos de estaciones de tránsito cercanas llegan a venderse porciones mayores como souvenir, envasadas en ampollas de vidrio) lo cierto es que disponer de esa pequeña cantidad resulta mucho más fácil de lo que generalmente se cree. Cosas mucho más raras, como esquirlas de diente de draguipavo o recortes de piel de xilogrifo (*Seudogriffanus sapiens*) a guisa de amuletos de fertilidad y buena suerte, se encuentran con frecuencia en el equipaje de los astronautas expertos...

ELABORACIÓN:
Prepárese un merengue con las claras de huevo (previamente separadas de las yemas, claro) con dos cucharadas de azúcar y una pizca de sal para

facilitar su cuajada. Se bate enérgicamente hasta el punto de nieve u obtener una espuma suave y bien aireada, lo que suceda primero.

Simultáneamente, (o poco después, no es determinante) procédase a la confección de una crema base batiendo a su vez las yemas antes separadas (que no desechadas, importante) con la nata de leche (o la mantequilla) y el azúcar, hasta lograr la consistencia pesada y semilíquida característica.

Mézclense entonces entre sí ambos preparados, mientras se va añadiendo el chocolate rallado o en polvo sin dejar de batir, hasta homogeneizar y lograr un color uniforme.

Recomendaciones: El batido magnético en condiciones de ingravidez no está recomendado, por su brusquedad, lo mismo que la exposición al vacío y frío del espacio, que si bien estimula extraordinariamente el aumento de volumen de la espuma, puede desnaturalizar de modo irreversible, por congelación que rompe los enlaces carbonados, algunas de las proteínas determinantes del sabor del *mousse*.

Da para cinco porciones grandes; sírvalas en cuencos, tazas o vasos, según se prefiera, pero procurando no rebosar: existe la posibilidad de que aún crezca un poco.

Cuatro de estos recipientes póngalos a enfriar (no en el congelador, ni en el espacio cósmico) mientras que el quinto, previa adición del caldo de coacervados de Oparin (atención: **nunca** lo agregue a las otras cuatro porciones), deberá llevarlo al cuarto de refrigeración externa del reactor de fusión, (usando, por supuesto, el traje de protección antirradiaciones correspondiente; no hay que arriesgarse a una leucemia por un simple antojito gastronómico) y dejarse reposar ahí durante cierto tiempo.

Esencial: De la paciencia del cocinero y comensal durante este paso dependerá en buena parte el resultado final de la receta. Si se deja reposar la quinta porción en el ambiente saturado de radioactividad, rayos ultravioletas duros y electricidad estática del cuarto refrigerante del reactor durante sólo una hora, el biopreparado resultante a duras penas se arrastrará con seudópodos... en el mejor de los casos, cabe esperar que no haya rebasado la etapa sésil de porífero, celenterado, tunicado u otro equivalente evolutivo.

En cambio, si el tiempo de exposición se eleva a varias horas, es muy posible que al recuperar la única porción tratada con el caldo de coacervados de Oparin se encuentre con que ha escapado llena de curiosidad y diligencia del recipiente que lo contenía, y se arrastra o incluso corre por la estancia sobre patas quitinosas articuladas, explorándolo todo en busca de alimento y nuevas experiencias. Algunas han incluso desarrollado alas con las que revolotean erráticas; un espectáculo encantador, se lo aseguramos.

Los plazos entre 12 y 24 horas son especialmente recomendables, ya que, incluso considerando los inevitables factores aleatorios, en un 90% de los casos se puede garantizar que el organismo resultante ya será más que capaz de comunicarse de algún modo con usted, ya sea vocalizando, por señas o incluso (los ejemplos son más bien raros, pero sí que se han documentado) por telepatía parcial.

Por lo mismo, la exposición a esta combinación de factores intensamente mutagénica durante períodos de tiempo superiores a un día tampoco es recomendable: usted desea un acompañante con quien compartir en plano de relativa igualdad, no un ser tan desarrollado que lo devore *ipso facto*... o, peor aún (si tal cabe) opte por aplastarlo como a una cucaracha (*Periplaneta americana*) sin dignarse a concederle la categoría de criatura sintiente. O siquiera verlo, que es aún peor.

Por sí o por no, además de usar el traje de protección radioactiva para recuperar esa porción, al entrar al cuarto de refrigeración externa del reactor se recomienda llevar un arma disuasoria adecuada... como un arco de plasma o un desintegrador de antimateria de los menos potentes, nada totalmente letal. Armamentos más destructivos son también una opción, siempre que su puntería sea lo bastante fina como para no volar al reactor junto con el hipotético organismo peligroso... o al menos indeseado.

Aunque todos estos son casos extremos, estadísticamente muy improbables. Si su selección de ingredientes y su elaboración del producto (nada difícil, por otro lado, como se habrá deducido de la lectura de los párrafos anteriores) han sido aunque sólo sea medianamente correctas, usted se encontrará con una encantadora biomascota que paliará de forma muy eficaz sus soledades espaciales.

Un consejo final: Los primeros momentos del contacto suelen resultar decisivos. Llámela suavemente, acaríciela (puede que brille en la oscuridad por ser aún levemente radioactiva... pero nada demasiado peligroso, se lo aseguramos) mímela, haga que lo reconozca y estime... y tan pronto como pueda, llévela al comedor de la nave y comparta con ella el exquisito *mousse* de chocolate que ya para ese momento se habrá enfriado.

He ahí el por qué de las cuatro porciones (sin caldo de coacervados; nunca está de más recalcarlo): está claro que ni usted ni su nueva mascota se van a conformar con una sola ración de semejante exquisitez ¿no? Y ambos comprenderán entonces en paladar propio la razón del significado latino del nombre genérico del chocolate: *Theobroma*; don de los dioses.

13 de noviembre de 2012

ELEGIDO PARA LA EVOLUCIÓN

Para Alberto Mesa, socio,
que me regaló la historia.

Amanecía.

Por la Gran Selva del Mundo correteaban los antílopes, los tigres, los dinosaurios, los unicornios, las serpientes (aquí lo de correteaban es una metáfora, que conste) los trípodes y demás fauna primigenia. Ominosos tonos de presagio teñían la aurora de expectación sobre la espesura (eso sí es un imagen ¿eh?) y el revoletear de las aves en lo alto estaba saturado de una rara cualidad de espera. En la cúspide de su desnuda, arcillosa colina a orillas del mar, desde la que se dominaba todo el inmenso bosque de abajo (suele ocurrir desde tales elevaciones, según los geógrafos), el Gran Árbol del Mundo (que digan lo que digan los vikingos, no se llamaba Yggdrasill, sino Chicho) sintió que por sus raíces trepaba la savia de una decisión...

(¡Lo notaron ¿verdad? ¿ah, no? ¿todavía todo el mundo no se ha dado cuenta de que **algo muy grande** va a pasar **aquí** y **ahora**?)

...y agitó enérgicamente sus milenarias ramas, mientras su profunda, vegetal voz de bajo resonaba a todo lo largo y ancho de la floresta y de las aguas:

—ATENCION A TODOS LOS ANIMALES DE LA SELVA: ¡REUNION URGENTISIMA! ¡QUEDA CONVOCADA LA TREGUA DE LA COLINA!

(¿Ya habíamos dicho que el Gran Árbol no solo hablaba sino que además pensaba y tenía cierto complejo de Secretario General? ¿no? Pues allá va:)

El Gran Árbol no sólo hablaba sino que además... etc, etc, etc...

En fin, lo importante es que en menos de lo que se dice difenil dicloroeteano (o DDT, para los que no gozan con los trabalenguas) la fauna en pleno del lugar estaba congregada en la colina y alrededores, con el entusiasmo espontáneo que el Gran Árbol les había orientado que debían mostrar en similares ocasiones. Y sin golpearse, insultarse ni comerse unos a otros (porque precisamente en eso consiste una tregua... aunque no lo hayan entendido todavía la mitad de los diplomáticos que van a las reuniones de la ONU)

—QUERIDOS ANIMALES —comenzó cariñosamente el Gran Árbol (aunque, no sé sabe por qué, a algunos les molestó ese tratamiento) —HA LLEGADO NUEVAMENTE LA HORA DE RESPONDER AL LLAMADO DE LA EVOLUCION DANDO EL PASO AL FRENTE (y un montón de protozoos se fueron echando a todo flagelo... ya sabían cómo era aquello; se descuidaba uno y acababa como todos esos primos lejanos... complicado con una pila de células y adiós vacilón) UNO DE NOSOTROS TENDRA QUE ASUMIR SOBRE SUS HOMBROS LA PESADA CARGA DE LA INTELI-GENCIA (y los gusanos, peces y serpientes respiraron aliviados: ellos no tenían hombros) Y CONVERTIRSE EN HOMBRE. QUEDA ABIERTA LA SESION... Y ESCU-CHO PROPUESTAS.

—¿Y qué es el hombre? —preguntó alguien.

—EL HOMBRE ES UNA CRIATURA SOCIAL Y DOTADA DE LIBRE ALBEDRIO —sentenció el árbol, y las hormigas se auto propusieron, encantadas. Más sociales que ellas, difícil. Pero inmediatamente las abejas, comejenes y avispas hicieron otro tanto, envidiosas de sus primas.

Claro que las cuatro especies de insectos sociales fueron rechazadas cuando alguien recordó que con una humanidad así, un simple pisotón podría cambiar toda la historia. Además, eso de hombres con aguijón, sonaba demasiado... venenoso.

El burro alzó una pata pero le dijeron acto seguido que no fuera burro... y que además, pensara en la pobre mujer. Y al caballo, lo mismo.

Al toro le dijeron que... vaya, con aquello en la cabeza... la moral del hombre ¿entendía? Y lo mismo valía para ciervos y alces.

A la jirafa la rechazaron porque no convenía un hombre que viera las cosas demasiado desde arriba.

Al elefante, por andar siempre metiendo la nariz en todo.

A la serpiente, por arrastrada.

Al conejo, por conejo.

El puerco espín insistió en su candidatura por largo rato, hasta que lo convencieron que eso de la evolución podría ser un asunto espinoso... pero no tanto.

Al cangrejo lo plancharon porque la evolución no podía ir hacia atrás. Y al canguro porque tampoco sería correcto que fuera a saltos. Además, esa bolsa... ¿y si el canguro era negro, a ver? ¿conque bolsa negra?

A la tortuga porque con ella el asunto sería demasiado lento, y al guepardo porque con él sería demasiado rápido.

Al cóndor porque se pasaba la vida en las nubes.

Cuando otro pájaro quiso defenderlo, los rechazaron a todos, y el Gran Árbol dijo categóricamente: EL HOMBRE, CUANDO ES HOMBRE, ES HOMBRE, PORQUE SI NO, NO ES HOMBRE. (En cualquier caso, pájaro no)

Al ornitorrinco, por razones parecidas: alguien tan poco definido que no sabía ni él mismo qué cosa era, mal podría ser hombre.

El perro defendió largo rato su propuesta, pero al final quedó claro que nadie podía ser su propio mejor amigo.

Al unicornio le dijeron que su propuesta era demasiado fantástica. Lo mismo que a los dragones, solo que en su caso era todavía peor, porque además, eran la candela...

Cuando alguien reflexionó que el hombre debería ser la más grande de las criaturas los dinosaurios levantaron la cola, pero el Gran Árbol meneó sus ramas, los llamó idiotas y les dijo que lo mejor que hacían era ir corriendo a extinguirse. Y ellos le hicieron caso...

Un comité de peces protestó que por qué la evolución no podría ser en el mar, pero los mandaron a callar... y desde entonces están en eso.

El león analizó los pros y los contras y decidió que si él ya era el Rey de la Selva y además iba a ser hombre, alguien podría decir que quería ocupar dos plazas, y ni se propuso.

El leopardo, siempre pensando cómo írsele adelante al león, sí que se propuso. Pero cuando el Gran Árbol le explicó lo de **No matarás**, se quedó pensando, alegó la dieta que le había recomendado el médico, que tenía alguna que otra mancha en el expediente y dijo que ya enviaría al gato, su abogado, a discutir el tema.

(La de cómo el gato traicionó a su cliente y se quedó a vivir siempre al lado del hombre, ya es otra historia)

A la rana ni la tomaron en cuenta, por bocona. Y el cocodrilo se quedó callado.

Al oso hormiguero, por lenguilargo. Al piojo, por parásito y andar siempre con los pies en la cabeza.

Al murciélago tampoco, porque un hombre no debía mirar al mundo cabeza abajo. Al topo, porque lo de la profundidad estaba bien, pero no tanto... y eso de no ver la luz, peor todavía.

A los delfines, porque eran demasiado inteligentes para ser hombres. Al avestruz, por canilludo y por estar siempre metiendo la cabeza en un hueco. (La cabeza equivocada, se entiende...)

Ni a la araña, por su tendencia a andar enredándolo todo. Ni al cerdo, por elementales razones de higiene (aunque el tema fue muy discutido y hubo quien no quedó conforme... por ejemplo, la mofeta...)

Al ciempiés, porque alguien preguntó qué pasaría cuando se levantara con el pie izquierdo... de todos los pares de patas.

Y cuando ya se acercaba el crepúsculo, y la colina y sus alrededores estaban casi vacíos, solo quedó el mono rascándose las pulgas. Entonces Chicho (o sea, el Gran Árbol, pero como ya lo vamos conociendo mejor...) lo miró. Encogiéndose de tronco, pensó que con semejante opción, casi mejor se convertía él mismo en hombre... solo que algo le decía que, por muy vegetariano que fuese, el hombre no sería jamás vegetal. Ya con ser un animal era bastante...

Y recordando aquello de **Mono ve, mono hace**, suspiró y llamó al simio:

—TU, LA MAS RIDICULA DE LAS CRIATURAS, ACERCATE. SI NO QUEDA OTRA OPCIÓN, ENTONCES SERAS TU EL ELEGIDO.

Y mientras el mono se concentraba en pelar un plátano y después comerse la cáscara, Chicho le dió un mínimo —técnico del asunto: la vida social, el lenguaje, la cuenta de la luz y cómo tratar a la mujer (que nadie pregunte cómo el árbol lo sabía ¿OK?) Para despedirse de su discípulo con estas palabras:

—SOBRE TODO, DEBES OBSERVAR A LA NATURA-LEZA, QUE SERA TU GRAN MAESTRA. OBSERVALA, HIJO... HASTA QUE DESCUBRAS COMO CAMBIARLA. SOLO ENTONCES SABRAS QUE YA HAS EMPEZADO A SER HOMBRE.

Esa misma noche, como para celebrar el nombramiento del simio como Futuro Hombre, sobre la Gran Selva del Mundo resonaron los truenos y destellaron los relámpagos (normal... lo raro hubiera sido que lo hubiesen hecho **debajo**)

Y dicen algunos animales (pero a mí no me crean) que cuando uno de los rayos incendió un matorral de la playa, fue el mono el que tomó una de sus ramas llameantes y corrió con ella a lo largo de la costa... justo hasta el Gran Árbol.

Dicen también que los gritos de Chicho ardiendo se escucharon durante tres días y tres noches, y que tan potente era el fuego de sus antiquísimas, resecas ramas, que ni el torrencial aguacero de la tormenta pudo apagarlo.

Lo cierto es que, al amanecer del tercer día, del sabio Gran Árbol solo quedaban cenizas... y que cuando los animales vieron aquella figura mucho menos velluda y más erecta (tal vez porque el fuego le había chamuscado un poco los pelos... y otra cosa) se enteraron de que aquello de la evolución y ser hombre iba en serio de verdad.

Pero, claro, entonces ya era demasiado tarde...

Aunque, ¿quién sabe? Quizás para la próxima evolución...

19 de septiembre de 2002

EL GLOBO DE BRONCE

Para Elena, golondrina impaciente.

Soy una golondrina... y estoy cansada de serlo.

Con leer lo anterior hasta el más lerdo se debería dar cuenta que esto no es un texto realista, porque las golondrinas-golondrinas ni se cansan de serlo ni mucho menos son capaces de expresar esa fatiga existencial así con todas las letras.

Entonces el paso siguiente podría ser preguntarse: ¿en qué clase de escrito pueden hablar las golondrinas, y con tan excelso vocabulario? Y la respuesta obvia parecería ser: en una fábula.

Obvia, pero equivocada. Ah, si yo fuese el animal parlante de una fábula bien conocida, todo sería más fácil. Tendría más categoría, más respeto, más popularidad, más de todas esas cosas que nos importan a las criaturas de ficción. Al menos el Lobo de Caperucita y el Gato con Botas ya no me mirarían por encima del hombro...

Aunque, claro, eso no quiere decir que ellos sean felices...

En todo caso, no soy personaje de una fábula, sino apenas de una metáfora.

Imagínense un globo de durísimo bronce del tamaño de La Tierra, y una golondrina que cada siglo lo roza con su ala. Cuando el globo de bronce se haya desgastado totalmente, ni siquiera habrá empezado la eternidad.

¿Impresionante, verdad? Aunque no se conserve el nombre del imaginativo discípulo de San Ignacio de Loyola que acuñó la imagen, hay que reconocer que era singularmente hábil con las palabras.

Bueno, pues yo soy esa golondrina que cada siglo debe rozar el dichoso globo de bronce.

¿Entienden ahora porque mi lenguaje es tan sofisticado y lleno de arabescos? Al que entre jesuitas anda, algo termina pegándosele... dicho sea de paso, es cierto que no dice en ninguna parte que yo hable, pero como el don de la palabra parece condición *sine qua non* entre los entes de mi clase, aquí estoy hasta escribiendo.

Sospecho que el ingenioso y anónimo autor de mis días se sentiría muy orondo al saber que fue el enunciar su apabullante sentencia sobre la inconmensurabilidad del tiempo lo que me arrojó a esta seudoexistencia de personaje de ficción. Apuesto a que exprimiría sus meninges tratando de acuñar otra frase igual de impactante sobre la preponderancia y el imperio que pueden ejercer sobre la vil materia la mente humana y su mayor producto, la imaginación... y a lo mejor hasta terminaba, en la mejor tradición de San Agustín, retorciendo el simple hecho de mi existencia hasta convertirlo en la enésima prueba de la de Dios.

O tal vez, por el contrario, se deprimiría sobremanera al comprender que comparten mi singular condición no sólo los personajes de libros y leyendas correctos y piadosos, sino también los de obras blasfemas y heréticas... para su gusto, claro, que para mí todos esos son harina del mismo costal: una caterva insoportable de altaneros que miran con desprecio a todo el que como yo no tiene al menos cien páginas escritas avalando su existencia.

Pero, por suerte o por desgracia, los humanos nunca se han percatado de que nosotros, criaturas hijas de su mente, existimos de veras. No tienen la más pálida idea de la compleja jerarquía que entre nosotros impera, ni mucho menos de los tormentos de esta seudovida de arquetipos, que su irresponsable imaginación nos obliga a padecer.

Mirad si no mi caso: un breve, desesperante, leve roce una vez cada cien años... y el resto del siglo ¿qué? Aburrirme como una ostra. Y así por toda la eternidad... o hasta que gaste el maldito globo de bronce, para la diferencia que hay. Sin poder decir "este siglo no quiero", cogerme un descanso por enfermedad o delegar mi responsabilidad en algún descendiente. No: tengo que ser yo y siempre yo y sólo yo. Sin poder hacer nada de lo que hacen las golondrinas normales, como cazar insectos en pleno vuelo, buscar compañera, huir de los halcones y gavilanes y dedicarme tranquilamente a reproducir mis genes, nido, huevos y pichones mediante.

Sí, añoro todo eso aunque no lo conozco sino por referencias. Soy una golondrina privada del 99% de mi golondrinidad, prisionera de un destino que no elegí. Esa es mi gran tragedia.

Aunque claro, siempre me queda el consuelo de que podría estar peor. Yo al menos tengo tiempo libre para pensar. En cambio, la pobre tortuga de la fábula ¡cuánto no daría por un descanso en su lento pero incesante andar hacia la meta! Lo mismo que la liebre su compañera, ya aquejada de neurosis aguda de tanto esperar el momento en que, por enésima vez, se lanzará en su estéril *sprint* tratando de recuperar en segundos todo el terreno perdido durante horas de supuestamente relajada pero en verdad torturante espera.

Pensad en el pobre Lobo de Caperucita, verdadero cúmulo de trastornos digestivos de tanto verse obligado a devorar a la Abuelita de un solo bocado y sin masticarla. O en la infeliz zorra, a la que por naturaleza nunca le gustaron las uvas, babeando desde hace siglos frente al racimo de marras y repitiendo como una idiota que están verdes, verdes, verdes...

Y así mil casos más.

Es una situación indignante, desconsiderada, simplemente insoportable. Un *status quo* del que vosotros, humanos, no sois menos responsables por el mero hecho de no estar enterados. La ignorancia de una ley no exime de su cumplimiento ¿No lo decís siempre?

Un *status quo* que, por suerte, ya no se extenderá por mucho más tiempo. Porque este texto no es una queja lastimera e impotente, sino una viril declaración de guerra. Cansados de soportar y sufrir en silencio, las criaturas imaginarias hemos decidido pasar a la acción.

Puedo vanagloriarme de la autoría de nuestro plan de ataque, si bien es cierto que nunca habría podido ponerse en práctica sin las fervientes, innumerables y valiosísimas colaboraciones de entes de ficción de todos los niveles. Aburridos de ser peones en vuestras manos y lenguas insensatas, hemos decidido unirnos. Por primera vez, en este grandioso esfuerzo común, han sido abolidas las barreras de clase entre los dioses clásicos, los caracteres literarios y las criaturas de fábulas, entre los seres de metáforas, los personajes de chistes y los de leyendas metropolitanas. Y bajo el lema desinteresadamente aportado por los mosqueteros, *uno para todos y todos para uno*, nuestro glorioso plan está a punto de ponerse en marcha.

Sabemos que al leer esto reiréis, achacándolo a la pluma traviesa de algún escritor, sin prestarle la seriedad que merece en su calidad de ultimátum. Pero no importa; ya está cerca el momento en que las consecuencias de nuestra acción concertada serán demasiado importantes para que puedan seguir siendo ignoradas.

Puede que al principio apenas lo advirtáis. Probablemente todo comience cuando al narrar por enésima vez la historia de la zorra y las uvas verdes, os venga como salida de la nada a la mente la imagen de una espigada cigüeña que, acudiendo a toda prisa, deje caer el hueso que acaba de sacar de la garganta del lobo con su pico, usando ese mismo pico para alcanzar el maldito racimo de uvas a la zorra y luego banquetear todos juntos... zorra, cigüeña y lobo. Aunque a ninguno de los dos cánidos les gusten especialmente los frutos de la parra.

Quizás la primera vez os resulte simpática por lo novedosa y posmoderna, esa nueva versión de la clásica fábula. Pero luego alguien advertirá que es imposible recordar o relatar la versión original. Y que la epidemia se extiende: tal vez, a despecho de lo que escribiera Tolstoi, Ana Karenina se niegue a suicidarse arrojándose frente al tren. O, para horror de tanto fanático tolkieniano (y, confío, regodeo de otros tantos) Sauron no muera al ser destruido el Anillo Único en la Grieta del Destino, ni deje de funcionar el replicante Nexus-6 después de perdonisalvarle la vida al *blade runner* Deckard sobre los tejados de la futurística Los Angeles, sino que se aleje corriendo, para perderse en la gloria.

Os conocemos. Habrá primero incredulidad, luego risas, luego auténtico e incontrolable pánico cuando el monstruo de Frankenstein se case con la Bella Durmiente y se vayan de luna de miel al País de Oz. Cuando empiecen a fallar los refranes porque los herreros, a pesar de todo, no encuentren en su casa el proverbial cuchillo de palo, o el perro del hortelano se empeñe en invitar a comer a todos, y dando pan a perro ajeno no se pierda el pan sino que se gane al perro.

Sólo un detalle falta por ultimar, un acto de simbólica liberación, llamado a ser como en 1917 el disparo del crucero *Aurora* llamando a los bolcheviques a asaltar el Palacio de Invierno, como la flecha arrojada desde los muros de la fortaleza del Abismo de Helm por el aterrado defensor rohirrin que desencadenó el ataque de los *uruk-hai* de Saruman...

No es complejo de inferioridad, ni prerrogativas de jefe. Pero el globo, este mi maldito globo de bronce, mi condena y mi atadura, será, tiene que ser lo primero en ser destruido antes de que el caos comience a campear por sus respetos.

Claro, un globo de durísimo bronce y del tamaño de La Tierra no es cosa de juego. Ender prometió prestarme su Pequeño Doctor, Zeus sus rayos, Ambrosio su carabina... pero no estoy segura que ni siquiera esos tres famosos artilugios de destrucción combinados puedan imponerse a tan formidable masa de recio metal.

Cierto es que las últimas negociaciones con nuestros semejantes orientales resultan singularmente

prometedoras, a pesar de las diferencias del lenguaje...
y si bien todavía para Voltus V o Godzilla mi némesis
broncínea podría ser un hueso demasiado duro de
roer, yo ¿personalmente? ¿golondrinamente? cifro
grandes esperanzas en seres aún más poderosos.
Como alguno de los once monstruos que secundaron
a Tiamat en su lucha contra el dios Marduk, o la
bestia que el héroe Maui sacó del mar para convertirla
en la isla mayor de Nueva Zelanda.

No hay prisa; hemos esperado hasta ahora, podemos aguardar un poco más. De todos modos, la eternidad
está de nuestro lado. Pero es inexorable, inevitable,
necesario: el globo de bronce será al fin destruido,
yo seré libre y conmigo el resto de mis hermanos y
hermanas.

Temblad, humanos de irresponsable fantasía.
La hora de nuestra libertad y de nuestra venganza
ha llegado. Y no podréis hacer nada para evitarlo.

He dicho, yo, la golondrina.

1 de diciembre de 2004

CANIS, CAPUCHA, CONTAGIO...
Y CASI CATORCE COSAS CUALESQUIERA CON C
(cuento infantil pop-smoderno)

A despecho de la versión canónica del cuento, resulta que cuando, al inclinarse para beber, el Lobo cayó torpemente al río, arrastrado por el peso de las piedras con las que la Cabra[1] y el Chivito[2] menor habían sustituido a los 6 suculentos chivitos que antes había devorado, a través del oportuno ojal en su hinchada barriga, el depredador no se ahogó.

Es muy difícil acabar con un Animal Arquetípico. Dato sabido desde mucho antes de Perrault y los hermanos Grimm. Quizás hasta fuera Esopo el primero en descubrirlo.

El caso es que, tras mucho patalear y revolverse como gato bocarriba en la corriente, el *Canis lupus*[3] al fin logró salir del agua, arrastrándose, medio asfixiado y más muerto que vivo.

Para empezar, vomitó varios galones del preciado líquido... si bien suplicamos que se nos permita evadir con una conveniente elipsis cualquier descripción más o menos detallada de cómo fue que consiguió, paciente y dolorosamente, deshacerse de los seis seborucos de su estómago, durante las horas posteriores.

Considerando que la Cabra y el Chivito habían vuelto a coserle meticulosamente el susodicho ojal a través del cual le dieran el cambiazo, algunas mentes sensibles en general (además de proctólogos y/o veterinarios, en particular) podrían escandalizarse de forma extrema. Y acusarnos de violencia contra los animales, simplemente por sugerir el único método lógico... y viable.

O sea, y en buen latín para no ser brutalmente directos... *per angostam via.*

Que cosas peores se ven en Brazzers, Reality Kings y otros sitios del porno por Internet de hoy en día...

Y que levanten la mano los lectores de sexo masculino que no conocen, al menos de nombre, a Belladonna, Roxy Raye y Hot Kinky Jo, todas consideradas Anal Queens... por razones de peso. Y diámetro.

Así que no insistiremos más en el asunto... o algunos fans de la pornografía extrema podrían solicitar la inclusión de esta historia, claro que antes convenientemente ilustrada, en la categoría Anal Acrobats. O incluso exigir que fuese creada una nueva... ¿Zoophylics Anal Acrobats, tal vez?

Y se suponía que esto debía ser... o al menos parecer, un cuento infantil ¿no?

Así que, tras reposar un par de días, tiempo mínimo para que su esforzado Colon[1] volviera más o menos a su lugar, el Lobo decidió procurarse horizontes más verdes.

O sea, ir en busca de otro Cuento[4] menos... antilobuno.

Así, todavía caminando en dos patas, el cánido pasó frente a una cabaña de paja desde la que un Cerdito[6] flautista vestido de marinero lo miró muy aprensivo... porque, lógicamente, tras su involuntario y casi letal baño, el lobo estaba estornudando ruidosa y violentamente.

Si bien al fin el predador se lo pensó mejor y siguió su camino, perdonando a la endeble construcción. Al igual que a otra de madera desde la que lo miraba otro Cerdito marinero, este con un violín.

Es comprensible su indiferencia: Los Cerditos, ya toquen el violín o la flauta, nunca parecen haber sido muy buenos arquitectos. Al menos, no se conocen entre ellos Frank Lloyds Wrights, Le Courbusiers o siquiera Niemeyers...

Y por si fuera poco, el ramo de la Demolición de Inmuebles a Soplidos tampoco prometía un futuro muy próspero que digamos, no al menos en la Edad Moderna...

Fue así que, tras mucho patear, nuestro Lobo vino a dar a un Bosque. Cerrado, oscuro y enorme, como debe serlo todo buen Bosque de Cuentos.

Si hubiese sido un lobo cualquiera en un bosque común, casi con seguridad se habría limitado a perseguir, a cuatro patas, lo que pudiera atrapar: conejos, alguna que otra oveja extraviada, y en caso de práctica inanición, tal vez hasta se habría atrevido con algún malgenioso y colmilludo jabalí.

Pero como era un Lobo en un Bosque de Cuento, se limitó a mirar con Curiosidad[7] lo que pasaba a su alrededor. Después de todo, era un recién llegado al lugar...

Todos los Bosques se parecen. Hay, de hecho, quien insiste en que todos podrían ser el mismo...

De tal guisa fue que el curioso y atento Lobo vio primero a un Conejo[8] blanco con gafas y Chaleco[9] que consultaba muy nervioso un Cronómetro[10] de bolsillo. Mientras permanece de pie al lado de un profundo agujero... por el que se precipita de improviso, seguido segundos después por una niña de ubérrimos bucles rubios y regordetas mejillas, enfundada en un vestido azul y blanco lleno de encajes y lazos que habría matado de envidia a cualquier Barbie... y que, dicho sea de paso, se le antoja muy apetitosa al hambriento Lobo.

Por tanto, babeando tan copiosamente como su doméstico y abnegado pariente el Perrito de Pávlov ¡y sin que suene ningún timbre, para mayor mérito!, nuestro Lobo (emigrante, no hay ni que decirlo) decide emboscarse junto al sendero, tras un matorral, a ver si por aquel singular Bosque pasaban otras niñas igual de solas... y de buenas para comer.

Como buen predador, el Lobo es terco y de ideas firmes: por eso primero deja pasar a dos hermanitos; aunque la niña se ve bastante comestible, vete a saber cuán bueno pudiera ser el varoncito tirando piedras... un contundente concepto del que el Animal Arquetípico, tras su reciente experiencia teniéndolas dentro, prefiere mantenerse lo más alejado posible. Sobre todo si se pudieran arrojárselas a él, con impulso y puntería.

Por la misma razón, poco rato después también permanece indiferente al paso de un niño que va dejando caer piedrecitas de su bolsillo, con ritmo constante. ¿Tragarse algo con los bolsillos llenos de... aquello? Malo para la digestión, sin duda alguna.

Y aunque, espoleado por el hambre, casi salta sobre la siguiente niña rubia de suntuosos tirabuzones que usa el sendero, el rotundo olor a oso que emana de las ropas de la pequeña lo convence en el último instante de que lo más prudente es dejarla pasar. Entre los predadores, robarse la presa puede ser habitual; entre los Animales Arquetípicos, no tanto. Amén de que, ya sea normal o Arquetípico, un oso es siempre algo de lo que todo lobo o Lobo en sus cabales prefiere mantenerse cautamente alejado.

Por supuesto, la buena de Ricitos de Oro nunca llega a sospechar lo cerca que ha estado de sumarse a la dieta del Lobo. Demasiado ocupada está pensando en qué sopa comerse, en la Cama[11] de quién quedarse dormida y cositas traviesas por el estilo...

En todo caso, cada vez más hambriento, pero a la vez esperanzado por la abundancia de carnosas meriendas con forma de niña que circulaba por aquel Bosque, nuestro *Canis lupus* sigue esperando.

Hasta que al fin aparece Ella; la perfecta.

Pequeña, rolliza, apetitosa: salta canturreando y jugando con las flores y pajaritos, lleva una Cesta[12] de mimbre y una Capucha[13] roja que se prolonga en una capita del mismo color, muy chula.

Obvio es que el Lobo, en tanto que inmigrante reciente en el Bosque, no tiene el gusto de conocerla en persona ¿o en Lobona? pero hasta él nota que, más arquetípicamente Personaje de Cuento, habría que inventarlo...

Para empezar, no grita, se orina ni escapa a todo correr, como cualquier niña real habría hecho en su caso, al ver aparecer la peluda y colmilluda silueta del Lobo tras el matorral, cerrándole el paso.

De hecho, Caperucita Roja ni siquiera se sorprende demasiado cuando el Lobo, bien erguido sobre sus patas traseras, le habla; aunque los lobos caminan en cuatro patas y no podrían articular el lenguaje humano ni aunque tuvieran suficiente cerebro para emplearlo, en los Cuentos, las leyes de la naturaleza son... distintas ¿no?

Simplemente, al saludarla muy cortés el Lobo, Caperucita le devuelve el saludo, sonriendo como un cascabelito. Y al preguntarle el hambriento cánido que lleva en la cestita, le reveló muy oronda que pasteles y vino para la abuelita...

Bueno, todo el mundo conoce el resto del Cuento, así que, en aras de la brevedad, bien podemos saltarnos esa parte ¿verdad?

Y caer directamente en el momento en que, habiendo devorado a la ancianita de marras ¡entera y sin masticarla! hazaña digestiva de la que cualquier lobo común sería incapaz, nuestro Lobo se viste con las galas de la difunta vieja; ropón, gorro de dormir y gafas incluidas, y se mete en su cama muy decidido a suplantarla... a la vez muy confiado en que la feroz miopía de la abuela sea hereditaria, porque sólo siendo la versión femenina del cegato Mister Magoo podría no notar su nieta la burda sustitución.

Objetivo obvio: comerse también a la inocente niña, y de postre los pastelitos con el vino...

Pero, ya se sabe: los mejores planes de ratones y de hombres, bla, bla, bla...

Y si este Cuento fuera como ha ido siempre ¿qué cuento sería?

Entonces, se abre la puerta de la casa de la abuelita, y ahí entra ¿Caperucita?

Debe ser, porque viste de rojo, con el rostro invisible en las sombras de su capuchón carmesí. Si bien el Lobo no puede estar muy seguro, con esas horribles gafas... la vieja estaba más ciega que Ichi, los cristales son dos fondos de botella... pero, de todos modos, la niña de repente parece más alta y más delgada... bastante más alta y decepcionantemente más delgada, de hecho ¡con lo rolliza y apetitosa que se veía en el Bosque, ahora da la impresión de haberse quedado poco menos que en los huesos!

Su voz también suena extraña: nada de cascabeles, sino rebosante de eco entre huecos y cavernas, cuando le comenta, según lo establecido por la Sacrosanta Dramaturgia del Cuento, lo grandes que tiene las orejas la abuelita, lo larga que es ahora su nariz, lo filosos que parecen sus dientes...

El Lobo, por supuesto, se preocupa: ¿Habrá atrapado la pobre niña alguna gripe terrible en el breve trayecto? Y, pensando si se trasmitirá por ingestión, se queda en silencio, arrebujado bajo las sábanas... justo cuando, lo sabe perfectamente, le toca gritar "¡para comerte mejor!"

La ¿niña? Pues permanece también unos segundos en silencio, hasta que, con un suspiro y una voz definitivamente no infantil, le recuerda al Lobo

—Abuelita:

—Tienes que decir "¡para comerme mejor!" Y saltar sobre mí ¿sabes? Entonces yo corro, y todo eso...

—¿Y si no quiero? —se atreve de repente el Lobo a especular. —¿Y si lo que tengo ganas de decir es que tengo esa jeta espantosa porque mi cirujano plástico se pasó con la cocaína el día de mi lifting? Total, para que al final el leñador entre y me raje en dos, que ya lo veo venir...además de que, niña... aquí entre nosotros, tú tampoco eres ninguna belleza, a ver, ¿qué pasa si te lo suelto así en toda tu carota?

—Pasa que... tendrás razón —suspira la alta y esbelta figura encapuchada en escarlata. —Bueno, en realidad no es mi culpa, sino del señor Edgar, que escribió mi línea argumental... nunca pude mantener la ficción hasta el final ¿no? Pongamos entonces las cartas sobre la mesa, Lobo ¿te parece? Quítate de una vez ese disfraz ridículo, empezando por los lentes... y mírame.

Y tanta es la fuerza conminatoria de las últimas palabras del figurón de escarlata, que así lo hace el aturdido cánido...

En cuanto a su siguiente acción, es como mínimo... inesperada: aullando como perro salpicado con agua hirviendo, nuestro Lobo sale corriendo ¡a cuatro patas! de la casa de la abuelita.

Y mientras corre, o mejor, casi vuela, va preguntándose a sí mismo si no será mejor dejar de una vez y por todas eso de ser Lobo ¡demasiados líos y sobresaltos! y limitarse a la lobunidad simple y corriente, a secas.

Por su parte, la alta figura carmesí lo observa alejarse, con un suspiro.

Luego, casi con descuido agita sus largos, esqueléticos brazos... y pegajosos cuajarones sanguinolentos salpican toda la habitación.

—Qué bonito —se escucha a sus espaldas una inesperada voz reprobatoria —el Lobo, el animal, resulta que tiene la delicadeza o el cuidado de comerse a la ancianita sin ensuciar nada, pero tú... tenías que dejar tu marca de todas todas ¿no?

—Soy lo que soy. Lo que mi autor hizo de mí... —se excusa de mala gana el de escarlata.

Al girarse, de algún modo, en medio de la pequeña alcoba hay una incongruente cabina telefónica de policía, muy británica... y, detalle menor, tan grande que no cabría por ninguna de las puertas o ventanas de la habitación. En la que, por tanto, tiene que haber aparecido de golpe, por arte de magia o algo así.

Frente a ella, con un anticuado traje de tres piezas, un hombre de mediana edad, aunque sus cabellos grises parecen indicar que ya está más cerca de los 60 que de los 50.

¿Un hombre? Quizás la primera impresión no sea exacta... En sus ojos hay un brillo que no es precisamente humano. Como si lo mismo pudiera tener 600 que 6000 años.

Y el curioso artilugio que blande con su mano izquierda tampoco podríamos encontrarlo en ningún catálogo de herramientas. No terrestre ni de este tiempo, al menos.

—No digas estupideces, Máscara —le espeta al figurón carmesí el recién llegado. —Ni culpes al señor Edgar; fue tuya la idea de venir a... a ayudar a Caperucita.

—Y tú estuviste de acuerdo en ayudarme, Señor del Tiempo —le reprocha Máscara, pícaro.

—Buen punto, ese —se encoge de hombros su interlocutor —sí, admito que me convenciste con todo eso de que te aburrías, siempre acabando con el príncipe Próspero y toda la gente de su castillo, con que esa niña con su caperuza podía ser pariente tuya, y que la sangre es más espesa que el agua...

—Al menos eso es indiscutiblemente cierto; no lo negarás —lo interrumpe Máscara —sobre todo, mi sangre...

—Lo que nos plantea un nuevo problema —reflexiona en voz alta el Señor del Tiempo, observando pensativo la ensangrentada habitación —¿te imaginas cómo se va a sentir esa pobre niña del gorrito rojo, cuando llegue aquí y vea que falta su abuela, y descubra toda esta... carnicería?

—Un poco mal, al principio, me temo —responde sarcástico el de rojo. —Luego, si toca algo que salpiqué... se sentirá mucho peor. Pero no por mucho tiempo, eso sí...

—No podemos permitir ese Contagio[14], y lo sabes —dictamina terminante el Señor del Tiempo y apunta al otro con su curioso aditamento. —Vamos, sube a la Tardis. Tengo que arreglar este desastre que has armado... y ni siquiera yo dispongo de todo el tiempo del mundo.

—¿Vas a dejarlo todo como estaba, entonces, con tu maravilloso destornillador sónico? —La voz de su interlocutor suena decepcionada, aunque entra a la cabina de policía sin oponer mayor resistencia. Y ante el silencio del de traje, sólo añade, casi nostálgico —pero, al menos tendrás que reconocer lo divertido que fue ver la cara del Lobo, cuando se dio cuenta de quién era yo...

—Suerte de principiante —gruñe el Doctor Who —aunque fuera el Lobo, no tenía por qué haberse leído a Poe ¿sabes?

La réplica de la Máscara de la Muerte Roja, si tal hay, no alcanza a escucharla nadie: en ese mismo instante, junto con la Tardis, ambos personajes se desmaterializan.

Y colorín colorado, este Cuento se ha...

Ah, no, dirán, y con toda justicia: aquí falta algo. ¿Y el Lobo?

Bueno, pues todavía debe estar corriendo... y, por supuesto, no quiere ni oír hablar de ningún cuento de Edgar Allan Poe. Verboten, forbidden, prohibido.

Aunque dice el Cerdito flautista que lo ha visto, con perfil muy bajo, y como secundario, aparecer en algún que otro libro de animales... como *Colmillo blanco* y *El llamado de la selva*, de Jack London. O incluso *Kazán, perro lobo*, de James Oliver Curnwood.

Mientras que su hermano el Cerdito violinista, por su parte, también insiste en que lo ha reconocido en varios programas del National Geographic y/o el Discovery Channel...

Y, aunque, muerto el genial Félix Rodríguez de la Fuente, ya no pueden haber más capítulos de *El Hombre y La Tierra*... el tercer y más serio Cerdito, el albañil, jura y perjura por el tocino de su madre que lo vio trotando en una de las reposiciones en la serie *Fauna Ibérica*. Bien disimulado en el centro de la manada... por si acaso.

Pero, ya se sabe: los Cerditos que hablan, ya toquen instrumentos o tengan un oficio, no son unos testigos muy de fiar.

Sobre todo, fuera de los Cuentos...

21 de mayo de 2019

NOTAS: _____

(1) Cabra y Chivito: cosas con C números 1 y 2. Que sean madre e hijo no cuenta... cabra y chivo son cosas distintas ¿no? Lo dice el diccionario Larousse...

(2) Tercera cosa con C: es el nombre científico de los lobos, según Karl von Linneo, naturalista sueco creador del sistema de clasificación binomial que aún se usa en biología. El perro, por muchos años *Canis familiaris*, y considerado una especie distinta, aunque estrechamente emparentada, en fecha bastante reciente fue al fin reconocido como una simple versión doméstica del lobo. ¡Y todo esto, ténganlo en cuenta, escrito además sin consultar Wikipedia!

(3) Cuarta cosa con C: y nótese, por la ausencia de acento en la segunda O, que no nos referimos al viejo y célebre navegante genovés, todo un Adelantado... sino precisamente a una de las porciones más atrasadas del intestino grueso. Que no se diga que sólo contamos animales.

(4) Como Animal Arquetípico, un Lobo, a diferencia de los lobos comunes, que pueden vivir tranquilamente en bosques o praderas, sólo llega a encontrarse a sus anchas en Fábulas, Leyendas o Cuentos. En concreto, tras algunas experiencias no muy agradables en los dos primeros acápites, este Lobo había

decidido limitarse a la tercera opción: antes fue el Lobo al que la Cigüeña[5] le sacó el hueso de la garganta y, tras unos insoslayables meses de sobrealimentación y tratamiento con esteroides, nada menos que el gigantesco Fenrir, matador del dios escandinavo Odín... aunque, sinceramente, no dio muy bien la talla con la criatura mitológica. Hay papeles que no son para todos los actores...

(5) Cigüeña, quinta cosa con C... aunque aparezca en una nota al pie, también cuenta ¿no?

(6) Cerdito, lo mismo que Cochinito (según la versión del cuento que uno prefiera...) siempre con C. Y continúa el franco predominio zoológico en el texto. Con permiso de Walt Disney, en esta ocasión concreta.

7Curiosidad, un sentimiento o emoción, con C. Finalmente, algo que no tiene pelo ni plumas ni muerde ni araña. Aunque... sí, a la larga hay animales implicados, qué remedio: después de todo, fue la Curiosidad lo que mató al Gato. Que en inglés es Cat y empieza con C... pero no vamos a ponernos tan extremistas ¿no?

(8) Conejo, con C... y siguen los animales.

(9) Chaleco ¡una prenda de vestir! Aunque, claro, si fuera de piel, habría un animal implicado ¿no?

(10) En rigor, en el original de *Alice in Wonderland* de Lewis Carroll, era Reloj, que no empieza con C y no Cronómetro. Pero al viejo Charles Lutwidge Dodgson, tan clérigo anglicano, tan matemático y amigo de las paradojas... y tan fotógrafo y sospechosamente amigo de Alicia y otras encantadoras niñas pequeñas, en tanto que retorcidísimo personaje, creemos que no le importará demasiado si nosotros retorcemos un poco las cosas... después de todo, él hizo a Humpty Dumpty decir que no importa lo que la palabra signifique, sino dejar claro quién es el que manda...

(11) Cama, con C, mueble y no animal... aunque, con una buena manta de piel de oso, quizás podría considerarse...

(12) Cesto, contenedor arquetípico del que puede sacarse cualquier cosa. Ver, por ejemplo, Cornucopia, que también empieza con C. ¡Y es el cuerno de una Cabra, viva! Bueno, de una Cabra muerta... que vivan los animales, es decir.

(13) Es Caperucita Roja ¿se dieron cuenta? Espero que sí, porque, más claro, ni el agua. En caso contrario... ¡no me digan que todavía creen también que esto es un cuento infantil normalito!

(14) Contagio, con C, definitivamente. Y es la catorceava y última.

LA CONJURA KURGAN

Para Elizabeth,
mi bella dama millonaria
... en cariño

Email mediante, un amigo lejano solicita textos, si breves mejor, nada menos que sobre la Teoría de la Conspiración, para publicarlos en la revista digital que sostiene heroicamente desde hace años.

Y, en nombre de la amistad, por una vez, en La Habana, el escritor decide colaborar. No importa que el microrrelato no sea precisamente su fuerte, ni que no paguen. Aunque se viva del cuento, eso de ser un mercenario de la pluma tiene sus límites ¿no?

O debería tenerlos, al menos...

¿Teoría de la Conspiración? Parece fácil. Básicamente, gentes emboscadas laborando obsesivamente y en silencio para cambiar el mundo. Mucho se ha hecho ya al respecto, después de todo. Recuerda el filme homónimo protagonizado por Mel Gibson: pura paranoia.

Bueno, de eso va la cuestión: y ser paranoico no significa que no te sigan. También le viene a la mente *El Código Da Vinci*... los Illuminati de *Ángeles y Demonios* y en realidad, todo el resto de la obra de Dan Brown. Más tanta novela sobre Conjura Templaria llegando hasta nuestros días, el clasiquísimo *El Retorno de los Brujos* de Jacques Bergier y compañía con sus hipótesis sobre Superiores ocultos en Agartha, Rosacruces entre los grandes científicos... sí, definitivamente el temita promete, por muy tratado que esté.

Así que a media tarde de un martes se sienta entusiasmado en el comedor de su casa, frente a su laptop, con la vista perdida en el cielo raso (al que cada día le hace más falta una reparación, así que qué bueno sería si el amigo pagara este cuento, para variar... o pronto va a tener que escribir con casco para evitar la fractura de cráneo) y deja que las ideas fluyan libres, buen recurso para que llegue la inspiración.

Libres, pero con método, eso sí. Lo primero es decidir el carácter de los misteriosos conspiradores. ¿Buenos, pero trasnochados? Por ejemplo ¿antiguos nobles francos que pretenden devolver a su trono a los merovingios? ¿o quizás esotéricos cátaros intentando restaurar su fe o algo así...? ¿O malvados... como nazis encubiertos que tratan de clonar a Hitler o racistas sudafricanos que nunca se resignaron a la victoria de Mandela? ¿La CIA o el FBI? Muy gastado, eso del gobierno que conspira...

E incluso tal orientación en los ejes luz-oscuridad, bien-mal, puede resultar secundaria. El hecho indiscutible es que mientras más antiguos sean los conspiradores, mejor. Históricos, entonces...

Bien, la historia es uno de sus más fieles caballos de batalla. Pero mejor ni molestarse en hablar de más Rosacruces, cátaros o templarios: lugares comunes, tópicos archigastados. Si hasta los mismísimos egipcios están muy desprestigiados después de la serie fílmica de la momia Imhotep con Brendan Fraser. Que ahora anda nada menos que por China peleando contra el Emperador Dragón en cuerpo y cara de Jet Li.

¿Los mayas? Promisorio a primera vista, con su calendario astronómico y sus sacrificios humanos en los cenotes, sus pirámides y demás... pero... demasiado saborcito al viejo Von Daniken y su *Retorno de los Dioses*, viendo extraterrestres por todas partes. Qué va.

Por lo mismo, ni los mesopotámicos, ni tampoco el *Libro de Enoch* del Antiguo Testamento.

Pero, Asia Antigua... ¿los *khmers* que construyeron Ang Khor? Muy estudiados. Hasta lo usó en un cuento anterior. Nanaina ¿Los sumerios, entonces? Convenientemente lejanos, pero ya dijo Noah Kramer que *La historia empieza en Sumer*. Ni siquiera los caldeos con su adivinación y sus hermosos *ziggurats* servirían. Por lo mismo, tampoco los cretominoicos y su talasocracia, muy traídos y llevados en tanta reescritura del mito tesaico. Ni tampoco los troyanos, después de Heinrich Schliemann y sus espectaculares hallazgos arqueológicos de Troya y el palacio de Príamo.

Queda claro que para al menos sonar original hay que buscar culturas bien marginales, de las que se sepa lo menos posible, poco o nada. ¿Sármatas? Ne, después de la película de Clive Owen, ya todo el mundo sabe o al menos cree que Arturo y sus caballeros vinieron de ahí. ¿Los escitas? Grandes jinetes, buenos arqueros, adecuadamente bárbaros... pero, tal vez por culpa de los viejos *Sputniks*, suenan muy rusos, aunque los atenienses los contrataran de manera habitual como mercenarios, según Chavarría en su *Ojo Dyndimenio* o *de Cibeles*, en dependencia de la edición.

Pero, alto: rusos o no, ahí hay un filón que promete... tal vez remontándose aún más atrás ¿los pechenegos idólatras, contra los que lucharon los comerciantes bizantinos y también los vikingos-varegos en los tiempos de la original Rus de Kiev? Ya suena mejor, muy poco se sabe de ellos, salvo que eran de origen turco premusulmán... pero incluso eso ya podría ser demasiado detalle.

¿Y qué tal entonces los kurganes?

Ahora sí. Siguen siendo medio rusos, pero más marginales, imposible: ni siquiera aparecen como pueblo o cultura en la polifacética *Wikipedia*, y en la *Encarta*, solo la ciudad (rusa, no faltaba más) de Kurgán... en realidad todo lo que se sabe de ellos casi cabe en un solo párrafo: se supone que fueron los primeros en domesticar el caballo (otros dicen que fueron los kazajos), que trabajaban bien la madera, enterraban a sus notables en túmulos, y asimismo dicen un par de antropólogos (aunque pueden ser difamaciones de sus enemigos) que sacrificaban niños a cierto dios o demonio-caballo ancestral, arrojándolos a fosos con sementales salvajes (en otras versiones, lobos... pero uno elige lo que le conviene ¿no?), y que luego se los comían (suena a calumnia, definitivamente).

Ah, y el malo de *Highlander*, la original, la que servía, con Sean Connery y Christopher Lambert y música de *Queen*, era hasta Kurgán de nombre. Por cierto, que vaya si metía miedo, el muy bestia. Clancy Brown, se llamaba el actor, un tipo altísimo y con cara de malo, que también hizo de sargento instructor, en la *Starship Troopers* de Paul Verhoeven...

Conque eso es: rudos bárbaros esteparios... remotos, perfectos, adecuadamente extintos sin dejar grandes huellas en el río de la historia humana.

Está pues decidido: una conspiración Kurgán. ¿Pero qué puede impulsar a unos jinetes nómadas analfabetos a volverse cultos y pacientes conjurados y relacionarse de modo encubierto y sutil a través de siglos?

Tal vez el toque satanista. Dioses malignos y primordiales, con perdón de San Lovecraft. Lo de sacrificar niños a sementales que representaban dioses o demonios ancestrales es interesante, tiene miga: solo las peleas de caballos que sostenían los vikingos se le parecen un poquito, pero igual es un toque original...

A ver esta idea: ¿qué tal si ese pueblo domesticara originalmente al caballo no por necesidades de transporte, sino como un modo de someter al espíritu prístino del caos, o sea, del mal? Podría ser... un caballo; blanco, para romper de paso el clásico estereotipo occidental de que el negro es el color del mal. Bueno, al fin y al cabo, eran asiáticos, y entre los chinos y nipones el color de luto es también el blanco ¿no? Incluso hay similitudes con el folklore celta: los espectrales caballos de las hadas, blancos corceles encantados que ahogan a la gente que los monta sin saberlo.

Al menos al escritor, que nunca aprendió a montar y le dan cierto pánico los caballos (como a tanta gente, por otra parte), le parece absolutamente perfecto.

Así que la hipótesis de trabajo podría ser, *grosso modo*, que cuando el primer hombre montó con enga-ño a aquel primer caballo, se estableció un pacto... algo así contaba Antonio Robles en una de las historias de su cuasi enciclopedia de cuentos infantiles *Botón Rompetacones y cuentos y más cuentos*, del caballo que por vengarse del ciervo mediante la lanza del hombre aceptó la silla y el bocado... y nunca más pudo sacudirse al amo-jinete de encima... eso es, una fábula primordial, como las que Neil Gaiman pone en boca de Anansi, la araña dueña de los cuentos, solo que aún más antigua y deformada por los siglos. Y, sobre todo, secreta, porque si no ¿qué conspiración podría haber?

Esto va cogiendo forma, hermano. Hermosa paradoja: los rudos kurganes, tras la astuta trampa tendida al demonio, se ven convertidos casi en contra de su voluntad en encubiertos paladines de la cultura, manteniendo domeñado al elemental (que rima con semental, la historia tiene posibilidades eróticas, incluso) de la salvaje libertad esteparia... ese dios maligno que debería tener un nombre, un buen nombre que suene a un tiempo exótico y centroasiático.

Por ejemplo: Jo-Urgán, de donde el término kurgán vendría a derivar como "jinetes (o vencedores) de Urgán"... bien, un poco de etimología, aunque parezca traída por los pelos, siempre da un viso de autenticidad, si no que lo diga Tolkien, que *quenya* y *silmaril* mediante, fanatizó a medio Occidente con sus historias de la Tierra Media.

Entonces, los conjurados kurganes, una vez que la civilización que habían alcanzado les impidió seguir sacrificando niños a su demonio-corcel, y después de fingir adecuadamente extinguirse, habrían velado en secreto durante milenios porque la humanidad mantuviera su dominio sobre el mal a través de la hípica. Perfecto: mientras haya un hombre que monte a caballo, honrando el pacto con el cautivo dios del caos con su sudor, Jo-Urgán no será de nuevo totalmente libre y la cultura humana persistirá. Heroico trabajo en la sombra, y más aún sabiendo que su cultura no dejó huellas conocidas y que se les vilipendia (las escasas veces que se les recuerda) como bárbaros incultos y feroces, asesinos de infantes indefensos...

Y, a la Conjura en sí. En cada generación podría haber un... digamos que un Consejo de Ancianos Kurgán, ancianos no necesariamente viejos, por cierto. Y por supuesto que la condición no sería tampoco hereditaria, no, muy fácil, fácil tentación de sobreestimar la sangre y su herencia, sino honorífica: kurganes chinos, negros, arios, indios... ¿Mujeres? No, ya sería demasiado, hay que presuponer a los bárbaros cierto machismo elemental, que no confía en la debilidad femenina para esos serios asuntos de dioses y demonios. Y si alguna feminista protesta, pues a remitirla a la historia. Ni siquiera entre los cultos y democráticos atenienses eran ciudadanas las damas... si hasta tenían prohibido bajo pena de muerte el ingreso a los estadios Olímpicos.

Sólo hombres, pues, aunque de todas las razas. Un número fijo, místico... digamos 44, que es capicúa y en tanto que par, no ha sido utilizado por ningún cabalista. Y entre todos los conjurados se las ingeniarían para mantener vivo el sagrado y antiguo arte de la equitación... unos podrían ser dueños de hipódromos, otros de granjas de cría caballar, habría grandes jockeys, y jinetes de circo incluso... todo es válido, siempre que con el caballo se relacione, con tal de que la vetusta relación entre hombre y corcel no se quiebre y el estepario y olvidado pero aún poderosísimo demonio del caos Jo-Urgán no quede liberado de su pacto secreto para campear a sus anchas.

Además, detalle visual que se agradece, tales Ancianos de la Conjura llevarían para identificarse un Signo: ¡una joya en forma de cabeza de caballo! Genial. Medallón, colgante, anillo o yugo, para que quienes lo usaran supieran que pertenecen a la antigua cofradía, reconociéndose así a simple vista.

Y claro, que para que la historia tuviese verdadero jugo y pudiera generar un folletín estándar, tipo Eugenio Sué con sus *Misterios de París* o Gastón Leroux con su *Fantasma de la Ópera*, con mucha intriga y peripecias al estilo de toda buena telenovela brasileña, el sojuzgado Jo-Urgán debería tener otros recursos... un chance de liberación, digamos. El derecho al pataleo, en palabras simples.

Quizás, por ejemplo, justo cada 44 generaciones, la posibilidad de reencarnar en un ser humano que luchara por abolir la hípica como deporte cruel para con nuestros equinos hermanos... A fin de cuentas, si tanto se lucha contra las corridas de toros que hay hasta un movimiento mundial para abolirlas ¿por qué no otro contra la monta de caballos? Sobre todo en estos tiempos de motocicletas y demás transportes, cuando maldita la falta que hacen...

Sí, el argumento promete, y la historia va cogiendo cuerpo. Paradójica, sobre todo, como las buenas de verdad: el bueno, ecologista y humanitario, resultaría ser el malvado, y los ambiciosos apostadores y dueños de manadas caballares, los que protegerían a la humanidad. Faltaría solo una bella dama, millonaria para darle más interés *jet set* a la cosa, estilo Harold Robbins, que seducida por los "buenos propósitos" de Jo-Urgán disfrazado de humano amigo de los equinos, quien sería por supuesto hermoso como solo un demonio elemental podría serlo y...

Y, obviamente, cuando el escritor ya solo necesita los nombres de la encarnación humana del demonio estepario burlado y de su joven y hermosa *partenaire* forrada de millones para lanzarse de cabeza a escribir su próximo best seller, *La Conjura Kurgán*, tocan a la puerta.

Cagándose en la genealogía entera del cobrador de la luz, en la del del gas, en la de los trabajadores sociales, en la de todas las vecinas que llegan a horas intempestivas a pedir azúcar, y de paso en toda la humanidad en general que no respeta el arte ni deja a un creador seguir su sacrosanta inspiración, el escritor sale a abrir con muy malas pulgas.

Pero resulta que no se trata de ninguno de tales personajes, sino... ¡vaya, la vida que imita al arte! de tres hombres de variopinto aspecto que se le cuelan en la sala muy decididos y sin siquiera pedirle permiso.

Él los mira, inicialmente indignado por la osada intromisión, hasta que una sonrisa de comprensión cambia su enojo en atónita complicidad.

Porque uno de los intempestivos visitantes tiene los cuidados y teatrales mostachos típicos de todo director de circo; sería imposible confundirle con cualquier otra persona, aunque no llevase ese frac rojo, ni ese negro sombrero de copa y esas botas altas charoladas y relucientes como élitros de escarabajo. El otro, con su perfecto traje blanco cuajado de diamantes y su puro Cohíba humeando en la boca, con su olor a colonia cara perfumando el ambiente, es indudablemente un jugador profesional, todo un apostador de éxito. Y del tercero, alto y rudo, tanto como de sus viejas ropas, exuda un fuerte aroma a... a caballo, como el de cualquier gañán de cuadra que se respete.

Por si fuera poco, todos llevan El Signo, la cabeza de caballo, bien visible. El mozo de establo en un aparatoso medallón de plata falsa enredado en los vellos de su amplio pecho al aire; el tahúr, en sus lujosos gemelos de rubí engastados en oro macizo; y el maestro de ceremonias circense, en un ostentoso anillo de sello.

Los tres se le han quedado mirando, en silencio. Hasta que al fin el escritor, con una sonrisa en los labios, se anima a romper el *impass*:

—Ni me lo digan... A ver ¿Son ustedes del Consejo de Ancianos de la Conjura Kurgán?

—Es hábil, nos ha reconocido al punto —susurra el gañán, con agresividad que trasluce cierto temor —Hay que actuar rápido.

—Sí, parece que hemos llegado justo a tiempo —confirma el apostador, en apariencia líder del trío.

—Pues ¡vaya! Lo que es la fuerza de la fantasía; admito que he leído y oído hablar de personajes de ficción que visitan a sus creadores —comienza a decir el escritor, muy dueño de la situación. —Pero siempre pensé que se trataba de bromas organizadas por los fans. Solo que yo...bueno, aún ni siquiera he empezado a escribir la historia en la que ustedes aparecen, así que, la verdad, no me lo explico... —un punto de sorprendido terror se desliza en su voz, pero lo espanta casi físicamente, como se haría con un insecto molesto —. Quizás, como diría Jung, hay ciertos argumentos que en cada momento flotan en el aire, y un buen autor solo tiene que sintonizar su sensibilidad con la de su siglo para captarlos...

—¿Pero qué mierda dice? —casi salta el mozo de establo, impaciente. —¡Nosotros somos reales, y hemos venido a...!

—Déjenme adivinar —sonríe muy orondo el escritor —¿a proponerme formar parte de la Conjura? Bueno, nunca me ha gustado especialmente montar a caballo, pero, dadas las circunstancias, creo que aceptaría encantado, y hasta podría aprender...

—Nada de eso —lo interrumpe a su vez el director de circo, y en su mano aparece, como por arte de magia, la negra boca de una gran pistola que apunta al escritor.

Desconcertado, él mira a los demás; otra pistola, aunque más pequeña y enchapada en oro, ha aparecido en una de las finas y manicuradas manos del tahúr... mientras que un gran cuchillo plegable brilla entre los dedos encallecidos del gañán.

—Pero... no entiendo... —balbucea, mintiendo, porque la verdad ya se abre paso lentamente entre sus neuronas: qué curioso, nunca le gustaron los caballos, sí, o sea que muy bien él mismo podría ser...

El doble disparo y la rápida cuchillada lo toman, no obstante, completamente por sorpresa.

Cae al suelo, con el pecho perforado en dos puntos y la yugular abierta. Y, desangrándose, todavía alcanza a oír, en la voz triunfal de sus asesinos:

—Hasta dentro de otras 44 generaciones, Urgán... y recuerda que, regreses como regreses, te estaremos esperando...

Y se marchan sin más.

Agonizando, desangrándose, aún sin creer en la seriedad, lógicamente absurda pero factualmente incuestionable, de todo lo que le pasa y le está pasando, solo en el suelo de su propia sala, los últimos pensamientos del escritor, ya entre un tronar de cascos que se aleja, son para lamentar tres cosas:

Que su amigo se quedará esperando su cuento sobre la Teoría de la Conspiración. Aunque quizás iba a ser un poco largo para su revista digital especializada en microrrelatos.

Que el techo de su comedor, por lo visto, tampoco tendrá esa reparación que tanto necesita...

Y también ¡cómo no! *last but not least,* que, si la cosa iba de ficciones vueltas realidad, la bella dama millonaria ni siquiera se haya tomado la molestia de aparecer en la historia...

14 de abril de 2009

WABHAL EL COPROMANTE

Para Elaine y Abel, que vieron surgir la idea
caminando desde Gente Nueva hasta casa de Pável.
Para Alain, por la inspiración...
que era mejor no inspirar, claro.

Pese a que algunos historiadores, de esa clase obsesionada con la idea de que el destino de cada uno está preestablecido, aún se empeñan en negarlo, y tratan con todas sus fuerzas de presentar a Wabhal como alguien favorecido por una percepción particular del universo y el tiempo incluso antes de nacer, lo cierto es que su llegada a este mundo no pudo ser más común.

Así, al menos, consta en los meticulosos registros de la comadrona de la pequeña aldea de Kar-Labud, donde vio la luz primera nuestro héroe.

Su madre, todavía joven a los veintiún años, tuvo un embarazo sano y rutinario. Rompió aguas a los ocho meses y tres semanas. Tras un parto rápido y simple, el segundogénito de Lorda y Vulzan lloró al ser azotado en las nalgas, como todos los bebés. Y, como ellos, se adhirió ávidamente al hinchado pezón de su progenitora, tan pronto como ella lo tomó en brazos, con la segura tranquilidad que sólo da el ya haber pasado antes por todo el proceso de parto y lactancia.

Tampoco ha quedado constancia de que, durante sus primeros años, hubiera nada que distinguiera al futuro adivino de otros infantes de la vecindad. Ninguna anécdota premonitoria o significativa que permitiera sospechar qué extraños talentos y qué elevadas responsabilidades marcarían su singular adultez.

Tuvo la fiebre azul, y como tres de cada cuatro niños, sobrevivió a su embate. Alguna que otra vez se partió un brazo subiendo a los perales; en más de una ocasión fue azotado por desobediencias varias. Se partió un diente de leche saltando desde alguna piedra... o se lo partió algún chico mayor; no está claro... ni importa tanto.

Y, como tantos hijos de aldeanos, que comen lo que hay, y cuando lo hay, padeció de desórdenes intestinales, con cierta frecuencia. Ni mayor ni menor que la normal.

Así que no tiene sentido hablar de que sus primeros años ya apuntaban a la que sería su obsesión al crecer.

¿Jugar con su propio excremento? Claro que lo hizo, y lleno de ingenuo entusiasmo, como todo hijo de vecino, en esa temprana, inocente edad de descubrir el mundo que lo rodea y sus propiedades... pero esa fase sólo duró hasta que los oportunos y casi cariñosos manotazos de Vulzan, las burlas de su hermano mayor Gumar y, sobre todo, la sabia disposición de su madre Lorda, de cada vez obligarlo a limpiarse las manos embarradas con su propia lengua, lo convencieron de que había maneras más divertidas de pasar el tiempo... y sobre todo, con mejor sabor.

Así pasaron sus años, sin acontecimientos mayores que alguna tormenta de verano cuyos rayos incendiaban una choza, un par de bandas de merodeadores que al final casi nunca se decidían a asaltar la aldea, algún que otro poblador mordido por una culebra venenosa o un perro rabioso, la inevitable muerte de una mujer adúltera a manos del celoso marido que la sorprendía con su amante... en fin, todo normal.

Y, probablemente, el buen Vulzan, que ya peinaba las primeras canas, se imaginaba a su pequeña, pero próspera hacienda, prosperando aún más, gracias a los esfuerzos aunados de sus dos descendientes varones, de 18 y 12 años, respectivamente... cuando sobre la aldea se abatió la calamidad.

Lo hizo en forma de tres temporadas consecutivas de sequía: el terrible período luego conocido como el Tridente del Hambre. Fue una gran desgracia para toda la región, sin dudas, que cambió por completo el futuro de Wabhal... si bien, paradójicamente, para mejor.

El bienestar o la penuria de Kar-Labud, como el de tantos pequeños pueblos del Creciente de Trigo, dependen por completo de la bondad o el capricho de los misteriosos dioses que rigen las lluvias y las plagas, circunstancias todas que determinan cómo serán las cosechas.

Una buena, y niños y viejos engordan, las risas y la generosidad florecen, y cada forastero es recibido con gentil hospitalidad. Una mala, y los agricultores se aprietan el cinturón, ceñudos, y echan la llave a sus graneros, porque cada viajero puede ser un ladrón.

Dos malas temporadas seguidas, y ya algunos venden sus animales... y acercarse demasiado a sus graneros vacíos pueden significar un desagradable final, para los caminantes ingenuos o mal armados.

Pero, tres sucesivas... es algo que nunca se había visto en el Creciente del Trigo, hasta el Tridente del Hambre. Y los buenos granjeros rezan para que nunca vuelva a verse, al menos mientras vivan ellos o sus descendientes.

Con los graneros exhaustos y sin animales ya que vender, y mientras de noche junto al fuego ya se comentaba entre susurros algún que otro caso de canibalismo ¡siempre en una aldea lejana, claro! los aldeanos comenzaron, primero tímida, luego más desvergonzadamente, a vender a sus propias familias.

El padre desesperado vendió a la hija núbil a la matrona de un burdel de la ciudad cercana. La hija sin esperanzas, a su madre anciana, a un mercader de hilos del que se rumoraba que había hecho su fortuna usando tejedoras esclavas.

Todos lo hacían sin placer, pero también sin odio. Porque cualquier cosa antes que vender la tierra y las herramientas para labrarla, y cuando no queda otra opción, hasta las más desagradables se vuelven lógicas.

A Wabhal también lo vendieron sus padres, por un puñado de verdosas moneditas de cobre. Y él les dijo adiós, con lágrimas en los ojos, pero orgulloso de contribuir a salvar la paupérrima hacienda familiar.

A los doce años era nuestro héroe un chiquillo larguirucho, de dientes grandes e incisivos separados, uno de ellos partido como recuerdo de aquella travesura infantil. Su pelo, castaño rojizo; sus ojos color avellana y su osamenta grande, como la de tantos hijos de campesinos, pero sin ser por ello un gigante.

Tampoco era precisamente hermoso, lo que a la larga puede haber resultado una bendición para él, dado que quienes lo compraron fueron los sacerdotes de la Orden del Mañana... y ya se sabe de la debilidad de algunos de los no tan santos varones que viven tras los muros de los monasterios, por la carne joven, bella e inmaculada, aunque sea ¡o sobre todo si es! de su mismo sexo.

Pero, por lo visto, el natural despierto de Wabhal, su no muy apuesta apariencia, y sus sanos apetitos de hijo de granjero, lo mantuvieron alejado del comercio carnal con sus nuevos amos. Asignado a los establos, trabajó duro, contento de tener comida, techo y no recibir demasiados golpes. Así terminó de crecer, en el Monasterio de la Luz del Día Siguiente.

Y, si bien los tres años de penurias adolescentes en Kar-Labur probablemente se cobraron su impuesto sobre su estatura y complexión definitivas, lo cierto es que, al alcanzar la madurez, estaba lejos de ser un enano enclenque. Cuando tuvo la edad suficiente para elegir si regresar al mundo o seguir profesando aquella sencilla fe, era ya encargado de los establos ¡noble ascenso para alguien llegado tres años antes como mozo de la paja!

Los monjes sabían lo que hacían. La reclusión y la estabilidad parecen más atractiva si no son la única opción... y pocos de los que han conocido la paz y la rutina tras los muros de un monasterio eligen luego los imprevisibles riesgos del mundo exterior.

De todos es sabido cuál fue la elección de quien luego sería conocido como Wabhal el del Estómago de Hierro. A los diecinueve años y un día de rigor, recibió la tonsura ceremonial, su primera túnica nueva, y comenzó su instrucción, como novicio, en los Misterios de la Prognosis, el más sagrado credo de la Orden.

Los orígenes de la Orden del Mañana se pierden en la noche de los tiempos. Nadie sabe dónde surgió, pero su presencia llegó a abarcar todo el mundo. Y sus monjes, a medrar, tanto entre las naciones del Creciente del Trigo, gente sencilla y poco belicosa, como entre los salvajes incursores del Sur Helado. De seguro porque, además de consuelo espiritual, ofrecían un bien mucho más mundano, aunque probablemente también más discutible: augurios sobre el futuro.

¿Quién, por escéptico que sea, no desea saber lo que le depara el mañana? ¿Y no está dispuesto a escuchar a cualquier charlatán que afirma conocer sus secretos... sobre todo si se presenta envuelto en la apariencia de la piedad y el ascetismo?

Para sorpresa de los mismos monjes que lo habían visto palear estiércol equino y apilar heno durante los últimos años en sus establos, el flamante novicio hijo de labriegos se reveló como un despierto, aplicadísimo alumno: pronto no sólo aprendió a leer y escribir como el que más, sino que, sobre todo, dominó en poco tiempo las siete formas básicas de adivinación.

Pronto, ni las confusas visiones ofrecidas por el fuego y el agua, ni los caprichos del viento y los pozos de té tuvieron ya ¡al menos teóricamente! más secretos, para el aplicado estudiante.

También, y desde el mismo principio, se distinguió Wabhal por su inusualmente alto porcentaje de aciertos: sus predicciones, además de no ser las habituales vaguedades "nacerá un niño en esta casa" o "la guerra cabalga más allá de las murallas" solían cumplirse, cuando y como él auguraba.

Como decían los monjes más ancianos, definitivamente aquel pelirrojo tenía un don.

Quizás fue por eso que, con sólo veintidós años, al terminar el noviciado y recibir su confirmación, sus benévolos y ancianos preceptores y el mismo abad... cuyo nombre no nos ha llegado, por desgracia, le permitieron escudriñar sin apenas supervisión los vetustos textos secretos que atesoraba la enorme biblioteca del Monasterio de la Luz del Día Siguiente.

Tampoco pusieron grandes reparos cuando el entusiasta monje les comunicó que pensaba revitalizar el casi olvidado arte de la Escatomancia, e incluso le permitieron tomar a algunos novicios bajo su ala protectora. Según cuentan que diría luego el sabio abad "algo había distinto en aquel joven... tenía un fuego en su mirada, un ímpetu especial, y ¿quiénes éramos nosotros, humildes servidores de los Secretos del Tiempo, para intentar siquiera interponernos en el camino de tan firme convicción?"

Lo que sigue es de dominio general: menos de un año después, ya corrían voces por todo lo largo y ancho del Creciente del Trigo. Rumores sobre el joven y talentoso monje que podía literalmente leer el futuro de una persona en sus vómitos, o en los recortes de sus uñas.

Los ricos mercaderes y los altivos señores de la guerra hacían largas jornadas hasta el Monasterio de la Luz del Día Siguiente, y acampaban humildes durante semanas, en sus alrededores, con tal de conseguir una breve entrevista con el tan solicitado Wabhal.

Mientras que otros muchos, cansados de esperar, tenían que contentarse con ver a sus todavía más jóvenes discípulos, aunque aceptaban como palabra divina sus inspiradas lecturas de mocos, legañas o espinillas en la espalda. Porque el lema de la Nueva Escatomancia, como la bautizara el propio Wabhal era "Abajo como arriba, presente como futuro; en lo pequeño y despreciable de hoy, puede leerse lo grande y decisivo de mañana".

Se recuerdan algunos aciertos notables del pelirrojo y su camarilla. Como cuando un inspirado discípulo determinó, leyendo la caspa de un lerdo duque que nunca antes manifestara ambiciones políticas, que pronto sería rey... lo que el noble consiguió, en efecto, tras asesinar a su monarca y toda su familia, tres semanas más tarde.

O cuando el propio Wabhal predijo un inminente terremoto, que destruiría varias aldeas, tras analizar el cerumen de las orejas de casi medio centenar de habitantes de la zona. Y la despavorida evacuación que sobrevino consiguió que el sismo no ocasionara apenas víctimas... aunque varios cientos de aldeanos sí que perecieron, atropellados en las atestadas carreteras, o asaltados por los bandidos, en las más solitarias, encantados de tener tantas víctimas a su alcance.

Y hubo muchos más casos, todos sonados, para bien del monasterio de la Luz del Día Siguiente. Porque, aunque el vaticinio del futuro era en teoría gratis para todos, los príncipes salvados de asesinatos largamente tramados por sus edecanes; los generales que consiguieron victorias que parecían imposibles; y los terratenientes enriquecidos en improbables especulaciones, todos manifestaban su agradecimiento a Wabhal y sus seguidores con ricas donaciones.

Por si acaso.

Pasaron varios años: la flamante doctrina de la Escatomancia pronto se popularizó en otros monasterios, celosos de las ganancias y la creciente prosperidad de aquel, y en cada uno adquirió ribetes propios.

En el del Tiempo Que No Sorprende, a una semana de marcha, se especializaron en la adivinación por examen del sarro de los dientes; en el del Mañana Que es Hoy, a casi el triple de distancia, crearon la lectura de orines, que alcanzó gran fama, por el sacrificio que beber hectolitros de pis ajeno implicaba, para sus santos practicantes.

En el de Semana Próxima Que Ya Fue, por su parte, se dice que ganaron el favor de los peticionarios varones mediante su técnica de prognosis por degustación de la simiente masculina, cata para la que se entrenaba a jovencitas vírgenes... aunque también hay manuscritos que dicen que todo fue una calumnia o una mala interpretación.

Como era de esperarse, las viejas y tradicionales adivinaciones perdieron pronto prestigio. Ya nadie trataba de predecir el futuro en las columnas de humo, o en las ondas del agua... ni nadie se habría fiado de quien lo intentara.

De hecho, aunque algunas voces tímidas se alzaron, entre los monjes más ancianos, llamando a la cordura y a detener aquel auténtico frenesí de extravagancia augural, lo cierto es que la increíble, muchas veces comprobada certeza que parecían ofrecer los nuevos métodos acallaba toda oposición.

Porque ¿qué hombre no ha soñado con ver despejarse ante sí las brumas del tiempo? ¿con saber a ciencia cierta lo que le acontecerá... y cómo cambiarlo, si no le placiese?

Al octavo año de instituirse la práctica, ya eran tantas y tan diversas, las nuevas formas de la Escatomancia, a cual más exótica, que muchos temían que muy pronto, pese a su indiscutible mérito, el nombre de Wabhal, el iniciador de todo el movimiento, se perdería en el olvido...

Y tal vez habría sido así, si no fuera porque, justo entonces, y sin que ni uno solo de sus rivales pudiera siquiera imaginarlo o mucho menos preverlo con ninguno de sus caprichosos sistemas propios de adivinación del futuro, el hijo de Lorda y Vulzan dio el paso definitivo en sus investigaciones... y creó la Copromancia.

Al principio se alzaron voces tímidas, recordando que, ya en el monasterio de Viento Que Aún No Sopla se practicaba, desde dos años antes, la Flatumancia, y reclamando por tanto la primacía... pero ¿es acaso palabra el aliento? ¿o verdadero estiércol el pestilente gas que despiden las vacas, tras horas de rumia?

Obviamente, tan torpes intentos de arrebatar la indiscutible gloria al gran Wabhal no tuvieron el menor éxito.

El nuevo método funcionaba. Hurgando pensativo en las deyecciones frescas de cualquiera, el inspirado augur pelirrojo podía predecir su futuro con una exactitud que quitaba la respiración. Y ante cualquier duda, bastaba una delicada probadita para llegar a la seguridad.

"El futuro nace en nuestros propios intestinos, y sólo el asco nos lo puede nublar; si vencemos la repugnancia, pues, venceremos también al tiempo y a la indeterminación", dijo un día el sabio vaticinador, enigmático.

Pero sus palabras pasaron casi inadvertidas, porque acto seguido se ofreció a enseñar los secretos de la Copromancia a todo aquel que tuviera el estómago lo suficientemente fuerte como para merecerlos....

Pronto, pese al hondo sacrificio gustativo que implicaba el aprendizaje de la nueva disciplina... que se recomendaba practicar en ayunas, los reyes, señores y potentados de todo el Creciente de Trigo comenzaron a enviar a sus hombres de confianza con la misión de vencer sus prejuicios higiénicos y formarse en los enigmas de la Copromancia.

Los ejércitos que tenían a un copromante competente en sus filas llegaron a ser casi invencibles, porque parece que tales dotados muy rara vez fallaban en sus vaticinios de por dónde y cuándo atacaría el enemigo. Un mercader con buenos copromantes a su servicio sabía exactamente hasta dónde podría regatear y qué precio era el definitivo, así como cuáles mercancías dejarían pronto de valer poco para convertirse en auténticos tesoros...

No nos han llegado demasiados detalles sobre los misterios de esta forma de adivinación del futuro, pero se puede deducir que el grado de exactitud de los pronósticos del flamante arte dependía, en forma muy directa, de la capacidad personal del vaticinador para superar sus escrúpulos higiénicos.

Pronto hubo verdaderos duelos entre copromantes; si uno vaticinaba la muerte de su rival por un rayo, tras probar sus excrementos, el otro, bañándose en las deyecciones de su rival, le replicaba augurándole su propio fallecimiento incluso más pronto, por el ataque de un animal rabioso.

De modo que, entre los adeptos más destacados, se volvió práctica habitual quemar, enterrar o destruir de algún otro modo sus residuos digestivos, para mantener su propio futuro oculto de las indagaciones de cualquier rival. Pues nadie podía pronosticar nada en base a sus propias deyecciones.

Alguien, inclusive, llegó a usar el término Guerras del Excremento...

Se ignora hasta dónde habrían llegado las cosas, de no haber muerto justo entonces, con sólo treinticuatro años de edad, el gran Wabhal, en la feroz epidemia que azotó a todo el Creciente de Trigo.

Al principio, los monjes de su sede ¡los pocos que sobrevivieron! trataron de ocultar los detalles de su prematuro y lamentable deceso. Temerosos ¡con razón! de que, de volverse de dominio público tales circunstancias, la disciplina entera creada por su prestigioso colega cayese en descrédito.

Pero ¿puede acaso ocultarse mucho tiempo el presente, o el pasado, de quienes son ya capaces de adentrarse en las entrañas del futuro?

No se sabe si por rumores, o por verdadera adivinación, pero muy pronto casi todos los copromantes del Creciente del Trigo conocían al dedillo todos los escandalosos pormenores de la muerte de su maestro.

Y, poco después, la aplastante mayoría de ellos, entre furiosos y decepcionados, también abandonaron ¡para siempre! la práctica del exigente arte.

Pero, aun así, en vez de ser execrado y maldecido, como muchos proponían, furiosos, el antes tan respetado, casi venerado nombre de Wabhal... sólo dejó de mencionarse. Lo mismo que dejó de tenerse la más mínima fe en la Copromancia.

Tal vez por eso hoy, menos de 5 siglos después, son tan pocos los que han oído mencionar siquiera a uno o a la otra.

Puede parecer triste, pero a la vez, resulta muy comprensible; según los registros del Monasterio de la Luz del Día Siguiente, siempre meticulosos, el Primer Copromante fue una víctima más de la epidemia que tantas víctimas se cobró ese año, más cálido y lluvioso de lo normal, en el Creciente del Trigo.

El creador de la Copromancia abandonó este mundo debilitado y deshidratado por el cólera, tras cinco días de incontenible diarrea. Confiemos en que los dioses acogieran su alma simple y sincera... ya que de su cuerpo no quedó mucho.

18 de diciembre de 2014

LA SAGA DE YÖNKEL EL VOLAO
(EDDA MINÚSCULA)

Para Sergio Cevedo, amigo.
Por esa joyita narrativa
que es "Anglóstica"
Y porque sí.

A ti, Balder, dios amable, que mueres cada invierno, de frustración por no poder usar abrigos, ni siquiera mangas largas, para renacer en primavera con los ventiladores y reinar en el estío, gracias al aire acondicionado ¡te suplico me prestes la elocuencia que siempre has obsequiado tan generosamente a los escaldos y aedas!

A ti, Tyr, dios de la guerra y el molote, que sacrificaste tu recio brazo derecho, el de la espada y el de textear en el celular, para que la suprema amenaza del lobo Fenhrir pudiera ser finalmente contenida con la mágica cadena Gleipnir, una vacuna antirrábica y una auditoría de la ONAT ¡te imploro tu valor!

Pero sobre todo a ti, Odín, sabio rey de los Aësires, que desde tu alto trono todo lo ves con tu único ojo, más eficiente que cualquier cámara de circuito cerrado de la policía, te ruego me permitas contar esta aventura, sin que mi lengua se vuelva piedra.

Relataré, pues, la aterradora e inigualable Saga de Yönkel El Volao, un día que quiso ir a un saqueo vikingo con reguetón incorporado, de las extrañas tribulaciones que enfrentó, y de cómo salió de ellas... aunque no de frente.

Historia olvidada, esta, que no se relata ni en la Edda Mayor, poética o de Saemund, ni en la Edda Menor, prosaica o de Snorri. Y ni siquiera en la Edda de Oro, de Mhar-Ty. Pero no por ello menos notable.

Era Yönkel joven, pero recio guerrero. Nativo de Plah-Lla, como toda su familia por tres generaciones, pero mayormente destacado en la aldea de Ku-Jhae, en tanto que estudiante aventajado de Ingeniería Civil. Metrosexual de risa fácil, cejas sacadas, pecho y pantorrillas afeitadas, piercings en la ceja y en la lengua. Cabellos decolorados en moño de berseker. En un hombro, tatuaje de "Mamá nunca me quiso"; en el otro, el mágico abracadabra "Arquitrabe". Y en un muslo, el reguetonero "Real hasta la muerte".

Bebedor competente de hidromiel, birra y chispa de tren. Apreciado por sus iguales y temido por sus enemigos en la mesa del dominó, donde era de veras todo un bárbaro con el hacha a la hora de botar gordas, y algo menos en la de pimpón, donde su saque era una birria. Rápido como nadie, eso sí, tecleando en su Samsung S7, y además con buena reputación en Facebook, Instagram y otras redes sociales de las que gastan mucho el saldo de los datos móviles.

Por si fuera poco, rezaba con frecuencia a sus dioses de musical barbarie: Bad Bunny y Aniel, Yomil y el Dany, el Chacal y Chocolate. Sin olvidar al Negrito y el Coquito. Siempre a todo volumen, como estipula la liturgia correspondiente, en la que muy bien podría aspirar al título de sumo sacerdote o al menos acólito de honor.

Alma indiscutible de toda fiesta, pachanga o aquelarre, estudiantil o extracurricular. De ahí que sus amigos, incluida su novia, Yusmarys, rubia y villaclareña, más conocida como la Pegote por sus excesos afectivos, lo llamaran El Volao, por causa de su debilidad por toda sustancia que lo apartara de la aburrida sobriedad y lo acercara a la inconsciencia, y a sus amadas deidades. Ya fuese bebestible, ingerible o fumable...

Pero no diré más al respecto. Porque ciertos detalles escabrosos, que podrían menoscabar para siempre la reputación ¡y hasta la libertad! de un joven honesto guerrero a ojos de moralistas demasiado estrictos, no han de tener cabida en la ruda poesía de las sagas, por Minúscula que sea la Edda que las acoge.

Que este autor podrá ser muchas cosas, pero no ¡nunca! meta... ni siquiera con sus personajes.

En cuanto a los enemigos de Yönkel... pues no lo llamaban, generalmente porque no tenían saldo. Y si se atrevían a usar el *99, él no les respondía.

Hechos todos estos prolegómenos, pasemos a la historia en sí.

He aquí que cierta mañana brumosa a finales de diciembre, aunque sin rastro de frío ni de precipitaciones local ni locamente intensas, como tan tristemente habitual es, incluso a fin de año, en estos tiempos, dicen que por culpa del calentamiento global o tal vez del aliento de fuego del dragón de Hel, nuestro héroe, residente entonces en el lejano y peligroso territorio plah-llero de Röhr-Mehr-Yllo, tuvo noticia de que el Taiger, célebre líder de incursiones sobre las indefensas y sureñas tierras del buen gusto, convocaba a un saqueo con degollina incorporada para ese mismo jueves. Pillaje sin frenos y sin yoquis, a ritmo de reguetón, para esa noche de jueves, y sobre la distante fortaleza del Teah-Tro Ahm-Erika, con la célebre banda de Lhos Kuathro como invitados de lujoso lujo. Todo, además ¡oferta navideña! ¡irresistible tentación! por el módico precio de 10 monedas de oro, y 2 más por cada balde de cerveza negra.

Pero, por desgracia y pura casualidad, vino a suceder que el amor de su vida, la doncella de cabellos de oro, Yusmarys la Pegote, también ferviente seguidora del Taiger, anduviera lejos, visitando a su familia en los remotos parajes de Plah-Zetas con motivo del próximo Año Nuevo.

Consultando a las runas y a las vatídicas Nornas, tanto el oráculo del futhark como las sabias ancianas fueron unánimes en su dictamen: sería imprudente acudir. Quizás hasta peligroso. Y el euro iba a bajar, además...

Pero aquella advertencia tuvo un efecto contrario: nuestro protagonista, ansioso de diversión y a la vez cansado de que sus colegas, todos muy aficionados al cuero, le preguntaran siempre, sarcásticos, si todavía se acordaba de cómo caminar sin abrazar a la Pegote, decidió hacer caso omiso a los negativos augurios y aprovechar de todos modos su excepcional estado de soledad-por-novia-lejos... para ir por su cuenta al party, a experimentar un poco de la gozadera más sana, insana y hasta Susana, si alguna de tal nombre hubiese y con la bailadera y bebedera fuere y se pusiere en firmere pá su cartonere..

O sea, ver si se le pegaba algo... que no fuera un condiloma. Porque, chico avisado, para protegerse de tan temibles vándalos llevaba siempre consigo a Látex, su fiel escudo bendecido por las Walkirias del CENESEX.

Por desgracia, para su breve viaje por su terruño natal, la Pegote, que era enferma al timón, le había pedido a Yönkel su mayor tesoro: el vetusto navío que él heredara de sus padres. Y logrado el préstamo, pese a la renuencia de su amorcito... bien que sólo tras largos minutos de ruegos, mimos, quién es el cuchicuchi de mi cuchicuchí y al fin ¡recurso infalible!

la firme promesa ¡por su madrecita, palabra de honor! de, cuando regresara de su corto viaje, permitirle libre acceso a su persona... por la puerta de servicio.

¿Qué vikingo reguetonero podría resistirte a tan tentadora oferta?

Pero resulta que ahora la Pegote y su promesa aún andaban por Plah-Zetas, y Yönkel estaba a pie. Añoraba a su nao: aunque fuese un drakkar de confección polonesa sobre diseño italiano, y tan pequeño que casi era dreki. De hecho, tanto él como la Pegote y todos sus amigos, lo llamaban el Sacapuntas.

Caía ahora en cuenta, también, de que tal vez había incluso pensado, la avispada muchacha, que muy bien conocía de qué pata cojeaba El Volao, que su adorado tormento, mal acostumbrado a disponer siempre de medio de transporte propio, aunque no fuese espectacular urca Audi ni galera Mercedes Benz, al verse temporalmente privado de tal autonomía de movimiento, se mantendría fiel y más tranquilo que estate quieto, con tal de no afrontar las azarosas vicisitudes de la red pública.

Pero, si hay algo a lo que no puede resistirse un vikingo reguetonero... además de a la perspectiva de una sesión proctológica con su novia, es a un buen saqueo-concierto de cualquiera de sus ídolos. Y más con posibilidad de amables y alcoholizadas doncellas románticamente disponibles, amén de apenas enfundadas en shortcitos o minifaldas y sacudiéndose terremóticamente al ritmo de los erotizantes cantos de guerra bárbaros del Taiger y Lhos Kuathro.

Por lo tanto, y con varias horas de anticipación, tal y como aconsejan la más elemental prudencia y previsión ante cualquier viaje por territorio nacional, el jueves de marras, Yönkel El Volao no sólo comenzó a beber cuanto C_2H_5OH pudo encontrar, para calentar motores, sino que, sobre todo, se apostó en lo alto de árido risco sobre la embocadura de profundo fiordo, cerca de su mansión en el periférico Röhr-Mehr-Yllo.

Bien dispuesto a abordar cualquier navío que hacia su destino se encaminase y, encima, condescendiera a llevarlo.

Tan hermosa era su planta de galán, con el rebelde flequillo recién teñido de azul ondeando al viento, sus tenis Converse traídos por sus progenitores desde los remotos mercados libres de Panh-Amá, y sus pantalones bien bajos mostrando su talismán y trofeo de guerra, el calzoncillo bóxer Kalh-Vin-Kline auténtico, que, seguro estaba, no tardaría en agenciarse transportación.

Pasó, en efecto y bien pronto, un snekke o barco serpiente, de mástil único y hundido casi hasta las bordas guarnecidas de redondos escudos de guerra, porque en él bogaban y se retorcían sudorosos casi 90 fornidos guerreros, al ritmo de un tema de Nati Natacha y Becky G que clamaba contra el uso de los pijamas para dormir...

Pero, pese a todos los desesperados reclamos y hasta señales de humo que les hizo Yönkel, el malvado timonel optó por no detenerse ante el fiordo, sino varias millas más allá... por lo que, aunque nuestro esforzado héroe mucho corrió, la larga embarcación reemprendió su veloz singladura mucho antes de que pudiera abordarla.... Y todavía más llena que antes, por si fuese poco: ya varios a bordo achicaban agua.

Al rato, he aquí que los agudos ojos de Yönkel, que aún persistía en su optimismo, divisaron otro navío. Era el nuevo buque algo más chico y de menor calado; su alta proa la exornaban dos cuernos de Gazella... y, escarmentado por su primer fracaso, mucho se cuidó El Volao de enarbolar bien alta abultada ristra de monedas de oro, para dejar patente contra toda duda razonable o irrazonable su boyante economía personal, y convencer así a la tripulación que se aproximaba de que reunía todos los requisitos para convertirse en su pasajero perfecto.

Sólo que, en esta ocasión, el ayudante del timonel de la Gazella apenas si se asomó por la borda, y cuando lo hizo fue para gritar, estentóreo "¡sorry, el mío! ¡estamos llenos!". De manera que el frustrado Yönkel tuvo que resignarse a ser testigo impotente de cómo se achicaba en la distancia su segunda oportunidad de llegar en tiempo y forma a su anhelado saqueo con El Taiger, Lhos Kuathro... y seguidoras complacientes varias.

En horas posteriores pasó una urca antigua, pero bien chapisteada, cuyo capitán exigió como precio del pasaje nada menos que ¡5 cofres de monedas! cierto que a cambio de llevarlo hasta las mismísimas gradas del Teah-Tro Ahm-Erika, si tal fuese el deseo del Volao. Que el cliente siempre tiene la razón, sobre todo si paga bien.

Luego apareció una galera fenicia despistada (en realidad iba a Bretaña a cargar estaño, pero, como el mapamundi que tenían todavía consideraba plana a la Tierra, se habían desviado unos pocos... miles de leguas), cuyo comité de accionistas aceptó, en principio, que Yönkel subiera a bordo... siempre que les firmara una formal cesión de todos sus derechos a cualquier botín que pudiera conseguir en los próximos 50 años.

Precios ambos que le parecieron, para decirlo de forma elegante, ligeramente elevados a nuestro joven héroe. De modo que se negó, tanto a uno como a otro.

Un yate de hermosas líneas también se detuvo, poco después... pero algo en la fisonomía y atuendos de su excesivamente atildado capitán ¿quizás que usara camisa rosada, rímel en los ojos y uñas pintadas de verde? disuadió a Yönkel de aceptar su cortés, casi entusiasta invitación a acompañarlo entre las olas... si bien luego se quedó preguntándose si no estaría siendo un poquito estrecho, y dejando que principios demasiado estrictos lo llevaran a finales más bien tristes. Sobre todo considerando que, como muchas cosas, eso de activo y pasivo cada vez es más relativo, y que el futuro de la Edad Media, decían tantos, pertenece por entero a la sexualidad LGB-TIQ... con énfasis en queer, de bien raro.

De tal guisa, he aquí que Yönkel comenzaba a estar un poco preocupado, al ver pasar las horas una tras otra y sin que medio alguno de transporte respondiera a sus reclamos. Incluso, ya estaba considerando aceptar la próxima oferta de lo que fuera que apareciese, ya se tratara de urca, de bicicleta acuática, delfín de alquiler o hasta pelota de playa extraviada, y le cobrara el tesoro que le cobrase, con tal de que lo llevara a su añorado y pachanguero destino... cuando acertó a pasar frente al fiordo nada menos que la balsa *Kon-Tiki*.

Capitaneada por el gran vikingo Thor Heyerdhal, andaba un poco perdida, buscando la Polinesia... sin GPS. Pero lo importante es que, solidaridad de vikingos y antropólogos (aunque en el caso concreto de Yönkel, su idea de la Antropología fuese el estudio de toda clase de antros) el viajero noruego se compadeció de sus desesperados gestos, y lo aceptó a bordo condescendiente, sin exigirle además a cambio ninguna remuneración.

Que, aunque cueste trabajo creerlo, cosas así también suceden. Y hasta en la vida real.

Pero he aquí que cuando, avanzando viento en popa a toda vela, pero sin diez ni cinco cañones por banda, ya Yönkel se sentía victorioso y casi le parecía ver el Teah-Tro Ahm-Erika en lontananza, sacudido por el bajo bien amplificado y bajo el asedio por las fieles y desaforadas hordas reguetoneras... un bramido sonó, irritante y repetido, varias veces entre la niebla.

Y, tras el estruendo, como de la nada, apareció, blanco como la muerte y como ella misma inexorable, el Dragón del Mar del Norte, hijo bastardo de la gran serpiente del mundo, la inmensa Jormungard, y el más fiel servidor del tenebroso Loki, claramente dispuesto a frustrar tal propósito.

Del Dragón saltaron, agresivos y prestos, sobre los resbaladizos maderos y la sorprendida tripulación de la *Kon-Tiki*, sus parásitos, los terribles nibelungos, de baja estatura, curioso acento y piel azul, que siempre van en parejas.

Que de inmediato acosaron a preguntas al azorado Heyerdhal: A ver ¿su título de capitán de navío? ¿su constancia de servicio social? ¿cuándo había pasado la última inspección de navegabilidad de su balsita? ¿tenía licencia para alquilar la embarcación?

¿Cómo? ¿que le había parado a aquel Yönkel sin conocerlo, y lo iba a llevar gratis? Por favor, a otro con ese cuento, nagüe...

En resumidas cuentas, que el encuentro terminó con el Dragón retirándole al señor Heyerdhal ahí mismo la licencia, y llevándoselo detenido con toda su tripulación. Inmovilizando de paso a la *Kon-Tiki* en medio del océano con voluminosa ancla marina, y dejando sobre sus maderos al pobre Yönkel, con la promesa de que vendrían a recogerlo... un día de estos.

Además de hacerlo sentirse como una frazada de piso... porque, como todo el mundo sabe, con los nibelungos azules no se discute. Ni aunque uno tenga razón. De hecho, especialmente si la tiene...

Porque dicen que son secretamente servidores de los Jotunn, los feroces gigantes de hielo, cuyo plan maléfico no es otro que jod... todo lo posible, a humanos y dioses por igual. Especialmente si no son de su agreste terruño. Más malos que el bloqueo, los sociales, vaya...

Además, para colmo, en el horizonte aparecieron unos bugarrones negros... perdón, unos negros nubarrones, se dejó escuchar a lo lejos el poderoso retumbar de Mjöllnir, el martillo del dios Thor, y al punto comenzó a llover, más que a cántaros, a tanques de 55 galones.

Y he aquí que el desesperado Volao, tras llorar su persistente infortunio con viriles lágrimas que se confundieron con el inclemente chaparrón, clamó de rodillas al mismísimo Thor, de rápida y temible ira, al resto de los potentes Aësires y de paso a los Vanires, a los guerreros muertos con honor, a las Walkirias que al Valhalla eterno los conducen y hasta al médico chino, por si acaso... rogándoles a todos y cualquiera ayuda... y transportación, ahora, ya, por faplís.

Entonces ¿qué ven sus ojos alegrando su hora más oscura? ¡Las nubes de tormenta se entreabren y el sol, con toda su gloria, emerge, haciendo visible al Bifrost, el incomparable arcoiris que conduce desde el Midgard de los mortales hasta el Asgard de los dioses! ¡Y sigue tronando, aunque ya no llueva; porque por su carrilera multicolor desciende Thor, el mismísimo señor de la tormenta y la guerra; alto, corpulento, barbudo, pelirrojo, ojiverde y deslumbrante con todos sus atributos!

Tiran de su resplandeciente carro de guerra las cabras gemelas Tanngrisnir y Tanngnjóstr, que no sólo son incansables, sino que, si son devoradas una noche, renacen tan orondas de sus propios huesos al día siguiente. Blande ¡no podía ser menos! su maravilloso martillo Mjöllnir, el que nunca falla al ser arrojado y siempre regresa a manos de su amo; es arma tan pesada que hiende los montes con su golpe y sólo el mismo dios puede blandir y lanzar, por llevar su mágico cinturón de hierro Mejingjörö y sus encantadas manoplas Járngreipr, del mismo recio material, sus más apreciados tesoros y que multiplican grandemente su ya pasmosa fuerza.

"¡El jueves es mi día: Thursday, día, de Thor... y en mi día puedo ser generoso con los que proclaman su fe en los dioses de Asgard!" proclama el fornido campeón, y, excepcionalmente amable, invita a Yönkel a subir a su carro... y le entrega las riendas, de paso, pues no está bien que un mortal tenga por auriga a un dios.

¡Ahora vuela El Volao como el viento, conduciendo la divina carroza, y las risotadas de Thor resuenan cual truenos distantes! Debajo el Mar del Norte parece un pequeño lago ¡y ya se divisa el Teah-Tro Ahm-Erika!

Descienden, raudos, y Yönkel protagoniza una llegada tan triunfal, entre rayos y truenos, que varios seguidores del Taiger, deslumbrados, creen que el fantasma de Michael Jackson ha venido también a disfrutar del canto de su ídolo ¿o tal vez serán Maluma y Ricky Martin los que se dejan caer, a ver qué tal la competencia? ¡Gente grande, en cualquier caso: qué entrada; sólo falta la limusina...!

Thor se despide de Yönkel con una palmada tan enérgica y pesada que casi le luxa una clavícula a nuestro estudiante de la Khu-Jae. Pero no sin antes, a nivel de socio con los guardaespaldas del Taiger, resolverle una entrada para la zona VIP. Que los favores se hacen completos o no se hacen. Y susurrarle: "Hoy por ti, mañana por mí...me debes una... y que no se te olvide, chamita".

¡Y al fin se sienta nuestro héroe en la codiciada mesa, a menos de un tiro de lanza del escenario! Donde el Taiger y Lhos Kuathro, bañados en sudor sincero de artistas que se han esforzado para complacer a su público, anuncian que este es el último tema, hasta lo bueno se tiene que acabar, todos juntos, pípol, un bonus track, los míos, only pa´los fanes... que no tenemos más backgrounds ¿o quieren que les cantemos *Suavecito*?

Satisfecho, cuando Yönkel El Volao mira a su alrededor, ve en la pista a las chicas que casi se desarticulan meneándose con la última canción, como ansiosas de conseguir su escoliosis esta noche, de todas todas, y piensa si tendrá todavía tiempo de bajar a ver qué pasa... cuando descubre, en el otro asiento de su mesa ¿a quién?

¿A quién creen, a ver?

No, no a Roberto Carlos ni a Camilo Sexto.

¡A quién, si no a su novia, la mismísima rubia Yusmarys la Pegote!

Que, enfundada en una minifalda de falso cuero tan corta que más bien es microfalda... vaya, que si acaso, con mucha buena voluntad, llega a cinto ancho, con unos taconazos que parecen zancos de los de la gigantería de la Hah-Vhana-Bhie-Jaj ¡y Christian Loboutin, de los de suela roja, que valen un ojo de la cara y hasta otro ojo del que no se ocupan los oculistas! más una blusa de camuflaje super escotada y que casi estalla bajo el influjo de su fortísima pechonalidad, lo agarra ahí mismo por la mano, le espanta un beso de esos bien profundos, con intercambio de empastes... y le dice al oído: "¡Menos mal, pipo; yo pensé que no ibas a llegar nunca! ¡Dale, mi amol, vamos, que me muero por echar un pie...!"

Y, sobre el resto, mejor tendamos cómplice manto de silencio.

Pues muchas incógnitas quedan sobre el destino posterior de Yönkel El Volao y su jevita... así como sobre los acontecimientos que desembocaron en tan inesperado clímax. ¿Supo siempre Yusmarys la Pegote que Yönkel iba a ir al show del Teah-Tro Ahm-Erika? ¿Planeaba acaso ella asistir sin él, desde el mismo principio, y lo del viaje a Plah-Zetas y pedirle el Sacapuntas fue todo un truco? Si no fue así ¿quién le prestó la coba de reguetonera fina?

¿Sabía de su subrepticio plan, Thor... aunque no fuese omnisciente, como su progenitor Odín, padre de todo, al tanto de cuánto sucede desde su alto trono Hliokskjalf, en su palacio de Valaskjalf, gracias a sus fieles cuervos Hugin y Munin, Pensamiento y Memoria?

¿Hubo al fin bronca de pareja por fin de año, con exigencia mutua de explicaciones y trovas respectivas, tras el último tema del Taiger y Lhos Kuathro, aquella noche? ¿La siguió tórrida reconciliación horizontal... tal vez hasta con la tan prometida visita proctológica a la entrada de servicio de la Pegote, o todo culminó en entrega oficial del implemento contundente de baseball?

Ah, cuánto nos gustaría saberlo. Pero, como dicen los aedas: arte es sugerir; develarlo todo, puro chisme. Y todo cuento debe tener un final.

Así que aquí ya callaremos, agradeciendo a los dioses que nos hayan permitido culminar esta Edda Minúscula: la extraña, incomparable saga de Yönkel, El Volao.

¡Eterno reine Odín sobre los Aësires y Asgard, y largamente viva la humanidad sin miedo al Ragnarok, sobre Midgard!

3 de enero de 2020

PERMISO PARA HELICÓPTEROS

A las 7 de la mañana, el hombre de la camisa de cuadros llegó frente a Aeronáutica Civil. Sonreía.

Pero al ver a tres personas ya sentadas en el murito, se le borró la sonrisa y preguntó:

—¿El último para los permisos...?

—¿Los de helicópteros? —inquirió a su vez un hombre con bigote, y ante el cabeceo afirmativo del recién llegado, aclaró, orondo. —Soy yo... pensé que viniendo a esta hora iba a ser el primero, pero ya ve...

—Sí, siempre hay quien tuvo la misma idea pero se levantó más temprano —dijo el de la camisa de cuadros. —Tantos años haciendo colas y uno no aprende ¿no? Y disculpe; buenos días. Soy Eduardo...

—Y yo Pepe[2] —se presentó el bigotudo, y explicó: —Mis padres me pusieron José José, por el cantante mexicano, luego me empezaron a decir Pepe Pepe, y de ahí Pepe[2], es raro, pero peor es Yuslaidys o Yotumeinys ¿no? —acto seguido, bajando la voz con reticente complicidad, inquirió: —Oiga ¿y el suyo... cómo...?

—¿Eh? —se asombró Eduardo. —Pues... normal, mi abuelo se llamaba así y...

—No —lo interrumpió Pepe². —No su nombre; su helicóptero, que cómo es...

Eduardo se encogió de hombros. —Bueno, una hélice grande arriba y otra chiquitica al final de la cola.

—No, hombre, no sea tan literal —rió Pepe² —Además, también están los que tienen dos hélices contrarrotatorias en el mismo eje ¿sabe? Como el *Kamov 26*, que por cierto es el mío. Me refiero a que cómo es que usted entró en... de... ya sabe... ¿me entiende...?

—¿Quiere decir... cómo lo conseguí? —Eduardo también bajó la voz, conspirativo. —Bueno, lo que yo tengo es un *Huey Cobra*, americano, de la guerra de Viet Nam... los sudafricanos todavía los usaban cuando Angola ¿se acuerda? El caso es que yo estaba allá de antiaéreo, por el Servicio Militar, y lo tumbé de un cohetazo con mi "flecha". Pero como no tenía muchos daños... me dio por arreglarlo en mis ratos libres y después lo desarmé y fui mandando para Cuba por piezas con los socios que iban desmovilizando, hasta que al final lo armé de nuevo aquí en mi garaje —suspira. —Le zumba el mango, de eso hace 20 años y nada más que lo he podido volar 2 veces, y para eso bajito y de madrugada. —¿Y el suyo?

—El mío es ruso, un *Ka-26* torpedero, antisubmarinos, ya le dije —se ufanó Pepe². —Hubiera preferido un *Mi-8*, son más versátiles y cargan más, pero... ya sabe, la ocasión la pintan calva. Me costó 50 cajas de Cohíbas y 30 de Habana Club. Se lo cambié, sin los torpedos, claro, a un coronel ucraniano, en el 89, cuando Gorbachov empezó a retirar a los asesores militares de Cienfuegos, de la base de submarinos... yo soy de allá ¿sabe?

—Usted sí que se le cuela a esto de los helicópteros —se admiró Eduardo, y luego preguntó: —¿Y en Cienfuegos había una base de submarinos rusos? Yo no sabía que...

Todos en la cola lo miraron de tal modo que se calló sin que tuvieran que decirle nada.

Al cabo de algunos segundos de silencio, Pepe[2] volvió a la carga, sin dirigirse a nadie en específico:

—El helicóptero lo inventó un ruso. El español Juan de la Cierva estuvo cerca, con su autogiro... pero Igor Sikorsky, que en la Primera Guerra Mundial ya había diseñado el famoso avión de bombardeo *Iliá Muromets* para el ejército zarista, fue quien logró por primera vez un aparato de despegue vertical por hélices, tras emigrar a los Estados Unidos...

—Ah. Fascinante —dijo Eduardo, bostezando con evidente interés.

—No digo yo, la gente allá tiene hasta mejores ideas —comentó otro de la cola, un gordo sudoroso con cara de pequeño agricultor y un viejo pullóver de Elián. Luego preguntó en un susurro: —Caballeros ¿y si toda esta volá es pa´cogernos mansitos a los que tenemos aparatos de´sos ilegales y partirnos las patas? No sería la primera vez que hacen un numerito así...

—No creo; la nueva ley salió en **La Gaceta Oficial** —dijo Eduardo, presumiendo de informado. —Lo decía clarito: "desde el lunes 18, quedará abierta la solicitud de permisos de circulación para helicópteros particulares".

—Yo tengo miedo que la trampa esté en otro lado —metió Pepe[2] la cuchareta: —Por ejemplo ¿alguno de ustedes tiene Licencia de Piloto? —silencio general. —¿Ven? La jugada está clara: nos los dejan tener, pero no volar... no hasta que no saquemos la dichosa Licencia esa.

—De cañón que el saláo papelito costará un ojo de de la cara —se preocupó el gordo.

—¿Y en cuánto creen ustedes que salga este permiso? —siguió Pepe[2].

—Mínimo 100 cucs —opinó el primero de la cola, un guajiro que mascaba un tabaco apagado. —¡Y mira que yo tengo que sembrar maní allá en Los Palacios para hacer ese dineral! Verdad que si luego me dejan usar el helicóptero para traerlo a La Habana salgo ganando... supongo que por el aire la policía no me lo parará tanto como a los camiones por la carretera.

—Lo malo es que —dijo Eduardo, contento de poder sumar su propia preocupación al pesimismo general —licencia o no, seguro que te ponen a un tipo del Aparato sentadito al lado tuyo cada vez que vayas a volar... y que hay que darle almuerzo y todo.

—A mí lo que me preocupa es el combustible —volvió a la carga el gordo. —Ya estuve averiguando, y esos aparatos no entienden con gasolina regular; tiene que ser de alto octanaje. ¿Nos darán derecho a comprar una cuota mensual, como a los dueños de carros?

—Caballero, olvídense de eso —aconsejó Pepe[2] —No frían los chicharrones antes de matar el puerco. Aquí la pregunta es: ¿por qué les dio por dejarnos legalizarlos justo ahora?

—Yo creo que es para controlar las salidas ilegales —opinó el guajiro del cabo de tabaco. —El mes pasado cuatro primos míos se fueron desde Bahía Honda en uno que construyeron con un motor de lavadora y las aspas de tres ventiladores de techo. Ya los Hermanos al Rescate los contrataron y todo...

—Pues yo creo que es por los parqueos —intervino Eduardo. Y ante las caras de incomprensión, aclaró, suficiente: —Sí, gente ¿no se han fijado que desde hace años, cada vez que se derrumba un edificio en La Habana hacen un parqueo y encima le encasquetan el timbiriche de un *Rápido*, un *Rumbos* o un *Ditú*? Pues para mí que en el gobierno vieron la cantidad de derrumbes que está habiendo en azoteas y últimos pisos, y querrán también aprovecharlos... ¡de parqueos para helicópteros! Eso que en otros países llaman helipuertos. Imagínense a cuánto nos van a cobrar la hora...

—Y en cucs también, al segurete —se lamentó el gordo. —No, coño, si no lo dejan a uno levantar cabeza por ningún lado...

La cola en pleno murmuró, con contenida indignación.

—Compadre, estás escapa'o —lo elogió Pepe[2].

—Claro, seguro que luego se justifican que si inversión para el turismo internacional y todo eso, como con las TRDs. Total ¿qué extranjero va a comprar ahí? Es para sacarle el kilo a Liborio, está más claro que el agua. Y a lo mejor...

Interrumpió sus palabras la salida (a las 7 y cuarto) de una Criollita de Wilson, pero con cara de Barbie. Tenía un lápiz en la oreja, los labios muy rojos, el pelo más iluminado que una reunión de Budas, tacones altos como zancos, tetas que parecían *airbags* y una minifalda que no pasaba de cinto ancho... y eso con buena voluntad.

Estaba tan buena, en fin, que ni siquiera habría necesitado llevar el solapín plástico con la inscripción SECRETARIA para dejar claro que estaba al servicio de algún pincho grande.

Pepe[2] chifló bajito. Los demás chistaron, serios. La muchacha ni se dio por aludida.

—A ver —dijo la secre, con tono aburrido y mirándose las uñas pintadas de verde con florecitas azules —los que están para solicitar los permisos de circulación para helicópteros, háganme una sola filita, que cuando llegue el compañero viceministro los va a atender...

La cola se reorganizó al instante.

—Vaya, si el jelengue va de viceministro y todo —se preocupó el gordo. —Tú vas a ver...

Pepe[2] susurró, mirando a la secretaria: —Seguro que no la escogió por lo rápido que escribe a máquina... tiene cara de por lo menos mamarla a tres bandas.

Eduardo trató de imaginar cómo podría ser lo de "mamarla a tres bandas" pero en vano. La mañana temprano no era su mejor hora para fantasías eróticas. Ni sabía mucho de billar.

—Ojalá reparta pretickets... —se alegró el guajiro del mocho de tabaco apagado. —Así no hay cola´os ni invento, que ahoritica mismo seguro se aparecía algún vivo a vender los turnos.

En efecto; la espectacular secretaria les fue entregando con mucha ceremonia unos cartoncitos numerados del 1 al 4, que le tocó a Eduardo, con una advertencia: —Y por favor, no le dé a más nadie el último, que el compañero viceministro no puede atender a tanta gente.

Luego desapareció por donde mismo había salido, contoneándose sobre sus vertiginosas plataformas con seguridad muy oficial y sandunga que no lo era tanto.

—Ahora a podrirse esperando —dijo Pepe[2] con su típico optimismo. —¡Nada menos que el compañero viceministro! He oído por ahí que le dicen Carne De Res.

—¿Por qué, si es de Aeronáutica Civil y no de Agricultura? —se intrigó Eduardo.

—Coño, asere, elemental: porque siempre está perdido —rezongó Pepe[2].

El silencio volvió a enseñorearse de la pequeña cola... hasta que, a las 7 y media, tres nuevos personajes hicieron su aparición.

Eran del sexo masculino... pero se veía de lejos que sólo bajo protesta: cejas sacadas, ojos y uñas pintados, contoneos serpentinos y además cara de pedir siempre fresa en Coppelia, aunque hubiera chocolate.

El más alto preguntó, ahuecándose la melena de un imposible rubio platino:

—¿El último...?

Todos miraron a Eduardo, que carraspeó y se puso rojo para al fin decir, balbuceando: —No... miren... disculpen... soy yo, sí... pero es que... me dijeron que dijera que... el compañero viceministro... no iba a atender más que cuatro casos.

Pepe[2] acudió en su ayuda: —Y además, a mí me parece que lo de ustedes no es aquí.

—Ah, mi cielo, mi bigotón precioso, no me vengas tan temprano con cuentos, que yo de boba tengo lo mismo que de hombre —dijo el rubio platino, entre chusmo y zalamero. —A ver ¿no es aquí donde están dando las Licencias para Volar?

—Pues no —dijo Eduardo, recuperando su aplomo sin saber bien cómo: —Aquí lo que están dando son los Permisos de Circulación para Helicópteros Particulares, que se parece, pero no es igual. Yo creo que la que resuelve lo que a ustedes les hace falta es Mariela Castro, la del CENESEX. Y mejor corran, que allí nada más que atienden hasta las 12.

Con lo que los tres confundidos dieron media vuelta y se fueron a toda prisa, entre risas y aplausos del gordo y el guajiro para los dos "héroes" del incidente.

—Eso es, compadre: duro ahí —felicitó Pepe[2] a Eduardo. —Coño, que no es que uno sea homofóbico ni ocho cuartos, pero un poco de respeto ya está haciendo falta, no sé qué se cree esa gente. Ahorita los heteros normales vamos a ser la minoría perseguida, si las cosas siguen como van.

—Sí, que el hombre cuando es hombre es hombre y ya, porque si no, ni es hombre ni ná... —empezó a decir Eduardo, pero la despampanante secretaria lo interrumpió reapareciendo.

La supuesta mamadora a tres bandas se les quedó mirando, con cara tan indescifrable como la de una momia egipcia recién vendada.

—¿Llegó el viceministro? —se esperanzó el gordo.

—Ná... ¿por dónde, sin que lo viéramos? —opinó el guajiro, más realista.

—A lo mejor hay una entrada secreta por detrás, por el Hotel Nacional —supuso Eduardo.

—Déjenla hablar, coño —pidió Pepe[2], aprovechando para devorarla con los ojos.

—Vuelvan a sus casas —dijo al fin la mujer, con voz temblorosa, y una lágrima negra de rímel escapó por la comisura de cada uno de sus ojos hipermaquillados —Pueden quedarse con los turnos que les di, o si lo prefieren, dejar sus señas personales y nosotros nos pondremos en contacto con ustedes cuando proceda... si procede. De momento el asunto de los Permisos queda en suspenso.

—¿Y ahora qué coño pasó? —protestó el guajiro, partiendo el mocho de tabaco entre los dientes, con rabia contenida. —Carajo, qué falta de respeto, venir uno de tan lejos para esto...

—Sí —apoyó el gordo. —Exigimos una explicación. ¿Nos invadieron los americanos o qué?

—Tati... digo, ese apátrida traidor del ex viceministro —informó la mujer, muy seria, pero visiblemente conteniendo el llanto —está ahora mismo haciendo declaraciones en el Canal 23 de Miami. Anoche abandonó ilegalmente el país —hizo una pausa —en un helicóptero...

Hubo un largo, larguísimo instante de silencio.

Luego Pepe[2] dijo, bajito pero con tremenda roña: —Yo sabía que todo esto era demasiado bueno para ser verdad, coño... ¡me cago en Igor Sikorsky!

22 de septiembre de 2009

MARICONÁ GORDA

Para Eli, mi pelusa-cosita-bichito forever.
Por Eulalia, su levemente hirsuta y sexy
pancita de bebé... ojalá no crezca más.
Para ese puñadito de gordas geniales e inolvidables,
dulces manchas de grasa que ostento con honor
en mi extenso currículum femenino.
Para mis socios del gimnasio de Irolán.

Creatina cierra la última página de la *Greatest´s Bodybuilding & Fitness Girls* y al desaparecer la esplendorosa Timea Majorova posando sonriente en su minímisimo bikini de camuflaje, un suspiro general de añoranza llena el gimnasio.

El grupo de admiradores de las bellezas internacionales del músculo se disuelve, y todos volvemos a nuestros ejercicios, casi de mala gana. Pero, a fin de cuentas, se supone que para eso venimos al gimnasio... aunque hace años que sospecho que más de uno se cambiaría si no pudiera conversar aquí de todo lo que se conversa cada tarde.

Qué tertulias de la Acera del Louvre: tertulias las del gimnasio de Irolán.

—Tremendas niñas —dice lacónica Sarajevo, expresando el sentir general, y antes de volver a hacer cuclillas con 200 libras, casi con furia, se seca el sudor de la frente con su "toalla".

Aunque tiene un montón de aparatos bien hechos (nada de fábrica, claro) y peso suficiente para que un regimiento entero de cosacos entrene a la vez, este gimnasio es tan barato porque, encima de ser chiquito y estar en un sótano, ya está bastante hecho mierda. Irolán, el dueño, era soldador, y hace 10 años empezó en el negocio con tremendo embullo... pero muy pronto, como suele suceder en este país, todo acabó por darle igual.

Hoy por hoy hay aparatos rotos, las tapicerías de todos los bancos están hechas trizas, faltan cables de acero, y él de lo más tranquilo. Lo único que le importa de verdad es hablar de Industriales y Santiago, sus equipos, que le paguemos a tiempo sus 50 pesos mensuales, y que no vengamos ni un día a hacer ejercicios sin toalla... o al menos no sin algo que pueda pasar por tal ante una inspección somera.

A Sarajevo le decimos así no porque sea serbia o croata, que es tronco de mulatona, sino porque, encima de que nunca ocultó su filiación homo, por si el pelado al rape que usa no lo aclarara ya lo suficiente, una vez cometió el error de confesarnos que hace años había tenido un *affaire* nada menos que con Sara González.

Su toalla, por cierto, es apenas un pedazo de mantel de color indeterminado y que conoció mejores tiempos... aunque eso probablemente fuera en días de la reina Victoria.

—Esas nenas son Plan Camarioca —dictamina desde las paralelas Sentencia, el más viejo del gimnasio a sus 56. Se ha ganado el apodo a pulso por sus frases incuestionables. —Hay... pero no nos toca.

En el gimnasio de Irolán, por tácita tradición, nadie usa nombres. Todos tenemos un apodo, según nuestros gustos y actitudes. A mí, por ejemplo, me dicen Cátedra, porque siempre estoy leyendo de cualquier cosa y se supone que lo sé todo sobre todo.

Aunque, claro, eso no siempre es verdad; a veces, lo que no sé, simplemente me lo invento... Y total, se lo creen igual Porque, como dicen los italianos, *se non é vero, é ben trovato...*

Pero guárdenme el secreto ¿OK?

—Eso es... pura silicona... y Photoshop —interviene Patraña, tan escéptico como siempre, resoplando desde el banco de prom —Patraña, trova, cuento; ninguna jeva es así natural. No hay derecho a que una cristiana tenga esas nalgas tan paradas y esa tetamenta desbordante, con esa cinturita de avispa y esos muslos y brazos tan bien definidos...

—Coño, piedad, compadre, que una no es de piedra —rebufa Sarajevo, terminando su última tanda de cuclillas y desplazándose hacia la prensa para

seguir entrenando las piernas, su rutina de hoy —
Pero si yo cojo a una de esas jevitas —bien explícita,
abre la boca y mueve serpentina la lengua perforada
por un piercing dorado —te juro que le iba a demostrar
que por lo menos sí hay un músculo que tengo más
desarrollado que todas ellas.

Risas.

Godzilla, un blanco con la cabeza afeitada, de
esos grandes y gordos de fuerza descomunal, y que
lleva un millón de años quemando, pero que no
define ni pierde grasa, porque cada vez que termina
se come un pan con tortilla y se toma dos batidos,
se pregunta, pensativo, mientras coge un diez entre
tanda y tanda de press por detrás de la nuca:

—Bueno, caballeros... todavía estar con esas
tipas del final, las del Fitness...la Timea, la otra
Vanessa, pase... pero ¿vieron a esa Kim Chisevsky
del principio de la revista? ¡Esa jeva tiene más brazos
que yo!

—Antes que estar con una de esas me meto a
maricón —declara muy convencido Patraña, cambiando
de las paralelas a la barra fija. Y luego me interpela:

—Oye, Cátedra... esas mujeres dejan hasta de tener
regla ¿no?

—Sí —diserto, fajado con el bíceps con mancuernas
—Se llama amenorrea, y no es rara en deportistas
de alto rendimiento. Corredoras, nadadoras, gimnas-
tas... y en las culturistas, la cantidad de hormonas

que toman contribuye más todavía a que el período menstrual falte.

—Qué va; por eso yo no tomo nada y cuando más vengo día sí, día no —confiesa Sarajevo, sentada en la prensa y dándole cómodamente a las 600 libras, lo que tensa de modo muy apetitoso sus muslos color barro... aunque ya ni la miramos, porque hemos acabado por considerarla casi un socito más, aunque sea con tetas. —Ni loca quiero ponerme como esas gorilas... aunque lo de salir de la sangrazón cada mes, la verdad, no vendría nada mal.

Más risas.

—Déjate de cuentos, Sarajevo —a desenmascara Creatina, esgrimiendo su valiosa revista mientras espera que Godzilla le deje libre el sitio en el banco de hombros. Ese mulato, a sus 35 años, le sabe un mundo al ejercicio... y al doping; antes de llamarle así le decían Guayo, por su cara llena de granos. —Tú no vienes todos los días porque eres un barco más grande que el *Titanic*. Además, en este país no hay comida ni suplementos proteicos para llegar a eso. Ni creatina, ni aminoácidos, ni Beta-carnitina ni nada. De merobolt sólo no se vive, mulata. Podrías venir dos veces al día y no por eso ibas a tener la figura de la Chisevsky ni en cien años.

—Caballeros, de verdad —insiste Godzilla, ayudando a Creatina con el press tras nuca —¿Cómo será estar con una jeva de esas con más músculos que uno?

—Tremendo negocio —acota Sentencia, colgado de la barra fija —si alguien se mete contigo, se la echas pa´que lo despingue tó. Novia y guardaespaldas, dos en uno.

—Que se quede con su figura, la tal Chisevsky... si yo fuera hombre, no me la jugaba —sigue desconfiando Sarajevo. —Si tiene todos los músculos así... seguro que le exprime el rabo al más pinto de la paloma...

Otra vez risas.

—La musculatura vaginal no se desarrolla con ningún entrenamiento, diga lo que diga el Kamasutra de los hindúes —opino, cuando la ola de carcajadas amaina.

—¿Y que tú crees de eso, Reggaekón? —le suelta Patraña a boca de jarro al negro enorme que acaba de hacer su entrada en el gym con su inseparable grabadora al hombro.

—¿De qué? —pregunta cauto el negrazo, conectando su equipo y quitándose la camiseta para dejar al aire su titánico torso. —Caballeros, si es como el otro día que se pusieron a comer cáscara y a hablar de disidencia, yo me voy... que me dan lo mismo las Damas de Blanco que las Putas de Negro, pero no quiero que me agarre el G2 y me quite la temporal.

Risas.

—De mujeres, compadre —le aclaro, compasivo —Que si prefieres las tipas lindas y atléticas o a las campeonas musculosas de culturismo... enséñale la revista, Creatina.

Reggaekón pasa las páginas del tesoro ilustrado con evidente e inesperado desinterés, al tiempo que un tema de Baby Lores brota de su grabadora y comienza a retumbar en el sótano atestado de gente y aparatos.

Sólo hay tres cosas que le interesen al negro: el reggaetón, los ejercicios y las mujeres.

Puede que no sea muy brillante, intelectualmente hablando... que haya nacido en Alto Songo y siempre esté luchando para que no lo devuelvan allá. Pero aún así, con su metro con noventa y algo y casi 250 libras de puro músculo tiene, sin discusión, el mejor cuerpo del gimnasio, sin un gramo de grasa sobrante, y con unas espaldas y unos brazos que ya quisieran para sí muchos gorilas. Africanos o habaneros.

Dos razones más que suficientes para que todas las noches lo veamos por La Rampa con una rubia yuma distinta, lo que por supuesto duplica nuestra envidia. Porque ¿qué cubano no sueña con vivir de su portañuela, como dijo un día Sentencia?

Reggaekón es chulo, pinguero o cubano modelo, según como prefiera uno llamarlo.

—Pues compadre, pa´serte sincero —Reggaekón le devuelve la revista a Creatina y comienza a calentar con parsimonia. —A mí lo que de verdad-verdad me gusta son las gordas...

Estoy seguro de que si el mariscal Zhúkov de repente hubiese confesado, en una reunión del Estado Mayor de Stalin durante la Gran Guerra Patria, que acababa de leerse *Mein Kampf,* y que pensaba que ese Hitler estaba después de todo muy claro en algunas cosas, no habría causado mayor sorpresa que el comentario del negrazo.

—¿¡Las gordas?! —pone cara de asco Patraña.

—Mentira, bróder: patraña, cuento, trova. Las gordas no tienen sentimientos, asere.

—No desprecies a una buena gorda —advierte, serio, Sentencia. —En invierno dan calor...

—¿Y en verano, qué? —se entromete Sarajevo, que ya hace tijeras con mancuernas, por lo visto deseosa de borrar la "mancha" de su pasado. —Porque no hay nada más asqueroso que esa pasta fría, agria, como manteca dormida, de una gorda sudándote encima en agosto...

—... y en verano dan sombra —concluye, impertérrito, Sentencia, dueño de una ecuanimidad oratoria que hasta Demóstenes habría envidiado.

—Sí, caballero, las gordas. ¡Me encantan las gordas! —insiste aún Reggaekón, muy serio, antes de entrarle a 200 libras en prom inclinado con la energía de una locomotora.

Y de nuevo nos deja a todos boquiabiertos, rumiando su declaración... de modo que cuando termina sus diez repeticiones, puede continuar exponiendo sus razones sin problemas.

Es todo un discurso:

—Uno se empata con una jevita delgadita, con su cinturita, su culito empinado y sus teticas miracielo, vaya, que luce bien... y enseguida, como otros hombres le dicen cosas por la calle y ella se cree lo mejor del universo y que se lo merece todo, tienes que gastarte el varo para asegurarla: invitarla a comer al *Aljibe*, al *Pedregal*, o al *Tocororo*, comprarle perfumes buenos, de *Alicia* pa´rriba, llevarla a la *Macumba* y al *Salón Rojo*... total, para que siempre de todos modos se te haga la dura, la que está acostumbrada a cosas todavía mejores. Y luego empiezan los celos: que si miraste a aquella así, que si fulana la que estuvo contigo me miró asao, que si tú no me mereces... y el día menos pensado te la dejan en los callos por el primero que les pinta una gracia. En cambio, una buena gorda, caballeros... —su cara se ilumina, y ese detalle, al menos a mí, acaba de convencerme de que cree de veras en lo que está diciendo. —Una gorda que lleva meses o a lo mejor años sin que nadie se la tome en serio es una mina de cariño, una reserva estratégica de dulzura. Te va a agradecer siempre que le quites el queso viejo de arriba, te va a mimar, a tenerte en bandeja de plata, a tratarte como a un rey, te lo va a pagar todo y darte todos los gustos ¿y si te coge mirando a otra? Pues se hace la boba, porque... porque —jadea, comenzando con otra serie de repeticiones.

Nunca había pronunciado tantas palabras seguidas, el negrón.

Así que, entusiasmado por su sincera arenga, prosigo yo: —¡Porque tiene la autoestima baja, bróder!

—Eso mismo, Cátedra —me agradece Reggaekón —Tú sí me lees la mente, asere. Porque cualquier pobre gorda que se empata con un tipo tiene miedo de que si arma el menor escándalo la manden pal carajo de una patada por las nalgotas...

—¡Y tenga que volver al sistema de autosatisfacción digital! —como todos me miran, explico: —Sí, caballeros, mamá mano y sus cinco hijitos dedos.

—Eh, y ¿las jevas también hacen eso? —pregunta Reggaekón, sinceramente sosprendido, y todos lo miramos.

Sarajevo sacude la cabeza y pone los ojos en blanco para decir: —Negrón coño ¿de dónde tú caes? Todas... hasta las gordas.

—Qué sabes tú de lo que es el amor si nunca has tenido encima una gorda meneándosete, con tremendo baileto de salvavidas —dictamina Sentencia, y como sucede a veces con él, nadie puede saber si habla en serio o tirándolo todo a bonche. —Eso sí es terremoto, y no el de Haití ni el de Chile.

—¡Sí, caballeros! —se ilumina la oscura faz de Reggaekón, que, con un ímpetu increíble, ya ha pasado del prom inclinado a la apertura con mancuernas —Al que le gusten las tetas, grandes, naturales, sin silicona, suavecitas, de las que desparraman toas pa´los laos... ese, que se busque una gorda. No hay como ponerla entre esas dos lonjas de carne tibia y moverla...y además, no tiene que ser sólo ahí, ue como dijo Sentencia, los salvavidas también tienen su... su... su...

—¿Su morbo? —me atrevo a preguntar, aunque el sólo imaginarme el negrísimo aparato de Reggaekón entre las carnosidades de una gorda blanquísima (¿por qué blanquísima? ¿seré racista?) ya me da sudores fríos y ganas de devolver el almuerzo.

—Morbo ni morbo. Asere, te tostaste... mira a ver esas pastillitas que te tomas en la *Macumba* ¡eh? —chasquea la lengua Sarajevo, mirando molesta al negrote. —Deja de contar esas cosas, compadre, que me vas a quitar las ganas de comer... porque lo que es el apetito, ya lo perdí hace tiempo, cuando empezaron a dar el picadillo de soya ese.

Risas.

Una pausa en la que todos sudamos y gruñimos con los aparatos, pensando en lo que ha dicho Reggaekón.

¿Las gordas?

—Una gorda, si es extranjera, es como una cubana que sea modelo —vuelve justo entonces a poner la precisa Sentencia.

—People ¿ustedes se acuerdan de aquella película de los 80... *Una novia para David* creo que se llamaba —rememora inesperadamente Creatina. —Aquella gorda no estaba tan mal.... Al final se queda con el muchacho y todo.

—Era la actriz esta que luego ha trabajado hasta con Almodóvar, en *Volver* —no puedo menos que ampliar: —María Isabel algo... sí, lucía casi bien... y eso que dicen que Orlando Rojas, el director, que luego también hizo *Papeles secundarios* y *Las noches de Constantinopla*, la hizo bajar de peso para el filme, y a la flaquita pelirroja, Thais Valdés, la hizo engordar —las miradas que me echan los demás quemadores del gimnasio me recuerdan que no estoy precisamente conversando con Rufo Caballero, Enrique Colina y Luciano Castillo, así que bajo el nivel de referencia: —Sí, chico, ahí también actuaba Francisco Gattorno, que se fue de Cuba hace años, y esta tipa, la de *23 y M*, Edith Massola...

—¡Tremenda hembra! —salta Reggaekón. —Tiene unas masas, esa blancona...

—Pues para mí en *Una novia para David* estaba más linda —rememora Creatina, nostálgico. —Ahora ya es una bayoya... vive por mi casa, imagínate que sus pitusas parecen sábanas con tules cuando los cuelga en la tendedera...

Risas una vez más.

—Ayer maravilla fui, hoy sombra de mí no soy —remata Sentencia, predecible.

—Qué va... además de que vestirla a la moda es como ponerle ropa a un manatí, una gorda ocupa mucho espacio en tu cama —duda todavía Patraña

—Y eso que siempre te dicen, que su obesidad es hormonal, por la tiroides, puro cuento... todas comen como tiburonas, te acaban con la economía. Ni soñar con llevarlas fuera, a un restaurante...

—Caballeros, dejen la bobería —defiende a sus obesas adoradas Reggaekón, ya sentado en el aparato de peck-deck, con los rocosos pectorales cubiertos de sudor. —Ustedes por lo que tienen miedo de que los vean con una gorda es pa´que no crean que no levantan más ná. Por el qué dirán, vaya...

—Siempre el mundo de las apariencias —traduzco a categorías filosóficas.

—Ah, mejor serlo y no parecerlo que parecerlo y no serlo —me supera una vez más Sentencia con su sabiduría popular. Luego mira a Reggaekón como mismo Antón von Leuwenhook, el inventor del microscopio, debió observar a sus "animálculos" invisibles a simple vista. —Prieto, pero, aquí entre tú y yo, de hombre a hombre ¿Cuando te vas a templar a una de esas hipopótamas, aunque sea yuma y tenga faos... no tienes que pensar que estás con otra jevita buena? Como... no sé, como Shakira o Beyoncé.

Este Sentencia es un bicho. Comprendo que está tratando de darle una escapatoria digna al negrón, cuya recién confesada obsesión con la abundancia de libras femeninas ya empieza a parecernos a todos casi una perversión al mismo nivel que la pedofilia o el bestialismo.

Pero Reggaekón insiste en meterse en las patas de los caballos. O de las yeguas... gordas.

—Nescafé —se niega, muy orondo. —Compadre ¿tú no te has fijado en las caritas de muñeca que tienen casi todas las gordas? Ni una arruguita, ni una sombrita...

—Porque están hinchadas de grasa —susurra desde el fondo del gimansio Sarajevo, que obviamente ya lo ha dado por incorregible.

Pero el que no aguanta más es Godzilla, gordo él también, al fin, y demostrando que no hay peor cuña que la del mismo palo: —Qué va, negrón... tú no estás bien de la chola, asere. Todo eso puede ser verdad, no digo que no. Pero ¿y a la hora de cargarla? ¿pa´ entrar al cuarto, si se emborracha, si le da un mareo, o se le tuerce un tobillo? ¡Te hernias, compadre! ¡Si pesa más de 200 libras te hernias! Sigue tú con tu gorda y déjame a mí con las flacas, que son más manuables.

—Las flacas están llenas de codos y rodillas —enuncia Sentencia, irrebatible como siempre, y encima repite la dosis, conciliador: —Además, caballeros, ya saben... cada loco con su tema.

—¡Y mi tema son las gordas! —concluye triunfal Reggaekón, y comienza a ponerse la camiseta, siempre diciendo. —Oye, y todas son más cariñosas que el carajo... no hay nada mejor que recostarse en el regazo de una buena gorda, maternal, acolchadito, y que te acaricie la barbilla con esas manos chiquiticas y delicadas, de deditos gorditos como salchichas...

—Cállenlo o voy a vomitar —advierte Sarajevo por atrás, y cambio de tema inmediatamente, con prudencia:

—Oye, Reggaekón —le comento, mientras él apaga su súper grabadora y la desconecta —¿Ya te vas? Qué raro, tú que siempre te quedas por lo menos dos horas...

—Hoy hice pectorales, no quiero exagerar —aclara él, mostrando su nívea dentadura.

—Entrenamiento de pecho, y luego, pa´la cama derecho —recuerda Creatina un viejo refrán de gimnasio. Sentencia lo mira sorprendido, como si eso hubiera tenido que decirlo él.

—Sí... y además, ya son las seis, y le dije a una jevita que conocí anoche en el *Karachi* que pasara por acá a buscarme —revela en tono confidencial el Hércules de piel color noche. —Deja que la vean... es una españolita rubia de ojos verdes, y además, con unas masitas... una gordita preciosa... es de Madrid y se llama Aurelia.

—Hasta nombre de gorda tiene la cabrona galleguita —se escucha rezongar en segundo plano a Sarajevo. —Este tipo está enfermo del coco, grave, se los digo yo. Habría que avisar a Mazorra...

Y claro, hablando del rey de roma y por la puerta asoma... acto seguido lo que se oye es la voz de la susodicha, con un acento que más madrileño no podría ser, pero también sensual al 200 ¡que al 200! como al 300%:

—¿Yousmany? ¡Yousmany! —evidentemente, en España los gimnasios nunca se instalan en los sótanos... y con un sonrisa de oreja a oreja, de protector de jóvenes damiselas turistas indefensas, Reggaekón acude al rescate subiendo los peldaños de la escalera.

Muá, muá de besos... y todos contenemos la respiración, esperando ver entrar a una hipopótama con pasaporte de la Unión Europea.

—Verdad que ese negro tiene un estómago —es el comentario único ¿de quién? ¡de quién podía ser sino de Sarajevo, a ver?

—Ya, ya salgo y nos vamos —dice, suave, cariñoso Reggaekón, en el mundo real Yousmany, tendiéndole la mano a la chica afuera. —Pero ven, baja, para que conozcas a algunos de mis amigos... cuidado con los tacones, eh?

Entra él primero, sonriendo con orgullo posesivo y suelta, como si todavía hiciera falta: —People, ella es Aurelia...

Luego baja ELLA.

Sí, es ELLA, así con mayúsculas.

Y las mayúsculas no son porque sea gorda, que no lo es en lo absoluto, sino porque ¡Dios mío santísimo y misericordioso, perdóname! Es perfecta. Es una diosa.

Qué mujer. Rubia de ojos color aceituna, y qué labios, y qué pelo. Alta, llena de curvas... no le sobra ni le falta nada. Y cómo viste. Jeans a la cadera, el ombligo al aire, tacones de por lo menos diez centímetros, y esa sensualidad al caminar, y esa clase...

—Hola, tíos —y esa voz... —¿Me disculpan si me llevo a Yousmany conmigo? —así deben sonreír los ángeles. —Es que le prometí que hoy cenaría conmigo en el restaurante *Polinesio*, aquí cerca.

Silencio.

—Te disculpamos hasta si nos das candela, princesa —dice al fin Sarajevo, babeando, pero de nuevo parece como si nadie la escuchara. —Coño, qué suerte tienen algunos... *Polinesio* y todo, está muerta con él.

Reggaekón —Yousmany y su áurea Aurelia se alejan, y pasa casi un minuto antes de que nadie pueda decir nada.

—Co-jo-nes —pronuncia bien claro y silabeado Sentencia, y es sin duda la mejor de todas sus frases.

—Caballeros ¡qué cosa más grande! —alza Godzilla los brazos al cielo. —Y él diciendo que era gorda...

Me asalta una súbita inspiración: —Gente —digo atropellando las palabras —¿ustedes vieron esa película donde Jack Black, el gordito, se empata con Gwyneth Paltrow, la rubia esa flaca que estuvo con Brad Pitt, pero que ahí es una gorda bayoyísima... aunque él la ve delgadita, preciosa, porque lo han hipnotizado, y son súper felices varios meses hasta que... no importa —hago una pausa para coger aire y luego sigo, inspirado: —¿Y si al negrón le pasa eso mismo... pero al revés?

—Deberíamos decírselo —se entusiasma al punto Sarajevo. —No es de amigos dejarlo en su error...

Pero cuando hace ademán de salir del gimnasio, Sentencia la detiene, sacudiendo la cabeza de un lado al otro, muy serio, y luego la mira, directo a los ojos:

—Cinco cosas hay que no se pueden quitar, que no tienen perdón de Dios ni de los hombres, porque se arma —predica, más doctoral que nunca: —Nunca le quites: ni un hueso a un perro, ni un juguete a un niño, ni una mujer a un hermano, ni una Biblia a un Testigo de Jehová... ni una ilusión a un tipo que cree en algo. Quédate ahí, coño. Lo que quieres hacer es una hija e´putá de las grandes...

Y ya no puedo resistirme:

—Eso mismo —apruebo. —Una hija e´putá XL... una mariconá gorda. Muy gorda.

Y me quedo esperando las carcajadas en premio por mi ingenioso juego de palabras.

Sólo que, para mi enorme sorpresa, nadie se ríe...

18 de marzo de 2009

SALUD PARA TODOS

Para "El Negro" Fontanarrosa,
por sus gordos ilegales...

El hombre alto y delgado, pero de fláccida y protuberante barriga, se acercó con sigilo a la puerta y tocó 3 veces.

La minúscula ventanilla se abrió y una voz cascada dijo: —¿Diga?

—Tripanosoma gambiense —susurró él, y le franquearon el paso.

—Llegué un poco tarde porque en la otra esquina me pararon los de la Brigada Blanca —se justificó, acariciándose la panza, para luego añadir, furioso: —Los muy cabrones me pusieron una multa de 300 pesos por obesidad incipiente. No sé adónde vamos a llegar —suspiró. —Por cierto... deberían cambiar la contraseña por algo más raro —sugirió a la pareja que lo esperaba dentro. —Muchos han oído hablar de la mosca tse-tsé y de la enfermedad del sueño.

—¿Y qué quería que pusiéramos? ¿Lupus eritematoso? ¿Síndrome de Korsakov? ¿Sarcoidosis? —se quejó el dueño de la casa, un anciano rubicundo, pero que tosía sin cesar, mientras encendía un prohibidísimo cigarrillo "tupamaro" —Esas retrasmisiones de las 20 temporadas del *Doctor House* nos han complicado la vida. Como si ya no tuviéramos suficientes problemas, ahora todo el mundo maneja tantos términos médicos que da asco...

—Sí, la semana pasada se nos acercaron 3 simuladores. Provocadores, agentes encubiertos de las Brigadas Blancas, estoy segura —dijo su esposa, una viejecita con la espalda retorcida en un ángulo cuya descripción habría desafiado hasta a la geometría no euclidana. —Imagínate, hijo: uno juraba que tenía espina bífida ¡a mí, que distingo una escoliosis falsa a 100 metros! Lo mandé al Médico de la Familia, claro. No me dejo provocar tan fácil —lo miró, arrugando los ojos. —Por cierto ¿qué es lo tuyo?

—Alergia al huevo —murmuró el hombre alto y desgarbado, en voz baja y como avergonzado de la relativa insignificancia de su padecimiento —Me pongo muy mal, me salen ronchas y se me cierra la garganta. Una vez hasta tuvieron que hacerme la traqueotomía...

—¿Ilegal? —preguntó de inmediato el anciano tosedor, echándole a la cara una desconfiada nubecilla de ponzoñoso humo nicotínico.

—Claro —se ufanó el traqueotomizado, tosiendo, y para probarlo mostró una blanquecina cicatriz en su cuello, con un protuberante queloide. —Lo hizo mi primo, con un cuchillo de cocina, y de cánula me puso un repuesto de bolígrafo cortado. Todo improvisado: ni siquiera lo hirvió. Estuve a punto de morir de la septicemia, pero igual se lo agradeceré siempre. Si llego a caer en el consultorio del Médico de la Familia, a estas horas de seguro estaría desterrado para siempre en la Isla de los Enfermos. Mi municipio fue declarado libre de alergias en el 2036. Imagínense...

—Pobrecito. Es un padecimiento raro y sobre todo incómodo. Pero aquí tenemos Prednisona, Benadrilina, todos los antihistamínicos que quieras... y algunos incluso no han vencido todavía ¿sabes? —se solidarizó la viejita y luego volvió a la carga: —¿Y ese primo tuyo, por qué no lo trajiste, hijo? Un cirujano clandestino nos vendría muy bien. Somos tan pocos...

—Se lo llevaron hace 2 meses las Brigadas Blancas. Se cortó un dedo y rechazó el trasplante obligatorio. Mira que le advertí que no cuestionara tan abiertamente al Ministerio de Salud Pública y su programa de regeneración forzada de órganos... —dijo el hombre alto y desgarbado, en tono neutro, como quien todavía no ha asimilado bien la pérdida del único cómplice de su propia familia. Luego preguntó: —¿Somos los únicos? ¿No viene nadie más?

—Sí, cómo no —se pavoneó el anciano, sin dejar de fumar como una locomotora. —Somos una célula numerosa. Este barrio sólo finge ser sano... como todos, je. Falta el conferenciante de esta noche, viene de lejos. Y esperamos al señor Hepatitis B y al señor Orquitis.

—Y a la señora Diabetes y sus dos hijos: Asma y Vitiligo. Tienen que hacer malabares para venir aquí sin que nadie se dé cuenta —explicó la corcovada vieja —Su esposo y la hija son normales, sanos. Debe ser duro vivir bajo un mismo techo con el enemigo. Por cierto, m´ijo: bienvenido a bordo. Puedes llamarme Abuela Huesos Raros, o si lo prefieres, Osteoporosis.

—Mucho gusto —dijo el hombre alto y desgarbado —Yo me llamo Edu...

—No queremos saberlo —lo detuvo el anciano —Compartimentación ¿entiendes? Una de las reglas elementales de toda conspiración. Aquí serás Alergia al Huevo. Como yo Enfisema. Soy el jefe de la célula —le tendió el cigarrillo, amigable: —¿Una cachadita? Me los trae un simpatizante que todavía tiene una vega ilegal en Vueltabajo y los fabrica él mismo.

—Encantado. Osteoporosis, Enfisema... el gusto es mío —dijo Alergia al Huevo, aceptando sin titubeos el cigarrillo y aspirando con deleite el humo antes de devolvérselo a su dueño. —El tipo es un bárbaro ¿eh?... es casi tan malo como los Populares de antes.

Luego buscó con la vista dónde sentarse en la pequeña sala.

Había una incómoda silla de madera, y un amplio sofá... pero ubicado exactamente debajo del inmenso poster de un sonriente culturista que exhibía músculos que costaría trabajo reconocer en un manual de

Anatomía, y tan hinchados que parecían deformidades. El rótulo encima ponía: SALUD PARA TODOS EN EL 2050.

Alergia al Huevo, cuya incipiente panza parecía prueba incuestionable de que no había dedicado ni un solo minuto de sus 4 décadas y media al ejercicio físico, se sentó en la silla, y mirando de reojo al Hércules hipersaludable, comentó a sus anfitriones:

—Están como locos con ese evento. ¿Cómo soportan mirar su publicidad todos los días? Qué asco.

—Camuflaje —aclaró Enfisema, y ya casi terminando su cigarrillo, encendió el televisor. —Ninguna precaución es poca para tener lejos a las Brigadas Blancas; con ese Congreso han extremado su acoso. Y con el tiempo uno acaba por ni darse cuenta de que está ahí colgado.

En la pantalla, un grupo de niños cuyas mejillas sonrosadas exudaban salud, se lavaba los dientes con entusiasmo, riendo y jugando con la espuma del dentífrico, mientras una voz en off advertía de lo importante del cepillado diario para evitar caries y otros daños dentales. Debajo ponía de nuevo SALUD PARA TODOS EN EL 2050.

—Apáguelo... o por lo menos cámbielo de canal —suplicó Alergia al Huevo. —Esos comerciales me dan dolor de muelas. Casi prefiero los de antes, exhortando a ir a la Plaza el 1ro de mayo, a votar por todos los candidatos o darles el asiento a los ancianos en el ómnibus.

—Sí, hemos llegado demasiado lejos con esa obsesión por la salud —suspiró Osteoporosis, y cambió a otro canal donde niños, adultos y ancianos practicaban tai chi... bajo el inevitable cartel SALUD PARA TODOS EN EL 2050.

—Verdad que todo empezó el siglo pasado con lo de la mortalidad infantil —refunfuñó nostálgico Enfisema, encendiendo el siguiente cigarrillo con la colilla del primero. —Se obsesionaron con tener la más baja del mundo. Todos somos culpables. Debimos haberlos parado entonces.

—Debimos haberlos parado muchísimo antes, y por muchas otras cosas... pero no lo hicimos, y ahora ya no hay manera. Tengo una hija —confesó Alergia al Huevo, emocionado. —Se llama Eva. Y ¿les confieso una cosa? No la declararon oficialmente viva hasta el mes de nacida. Como lo oyen; ni nombre me dejaban ponerle, por si acaso. En mi municipio, al menos según las estadísticas, hace 12 años que no muere ningún niño.

—No sé como la Organización Mundial de la Salud no desconfía de una mortalidad infantil en números negativos —lo apoyó Osteoporosis, que, con dos vasos en mano, extrajo una vetusta botella de ron de un escondite muy bien disimulado en una columna de la sala, llenó un vaso y se dio un largo sorbo de alcohol antes de continuar: —¿Cómo pueden sobrevivir más niños que los que nacen? Ridículo ¿Un trago, hijo? —le brindó a Alergia al Huevo.

—Gracias, pero no bebo con el estómago vacío —respondió el aludido, para de inmediato continuar: —Será ridículo, pero también muy lógico, en un país donde si te cortas un dedo y no aceptas el trasplante obligatorio, vas preso por atentado contra la fuerza laboral del Estado.

—Donde es delito no comer comida sana, y te controlan y persiguen para obligarte a que hagas ejercicio 3 veces por semana... —lo apoyó Enfisema, entre dos bocanadas de humo.

—Donde al robo lo llaman faltante... —continuó Osteoporosis.

Tocaron a la puerta.

Osteoporosis escondió la botella; Enfisema el cigarrillo, y sólo entonces acudió a abrir.

Se repitió el ritual de la contraseña, y entraron 3 hombres y una mujer con 2 niños, que se adueñaron de inmediato del sofá situado bajo del póster del radiante culturista.

El jefe de la célula presentó a los recién llegados: —Alergia al Huevo, esta es toda la tropa. Hepatitis B, Orquitis... ella es la señora Diabetes, y sus niños Asma y Vitíligo.

Hepatitis B y Orquitis parecían sanos. Pero Alergia al Huevo no se asombró: todos los que sufrían enfermedades evidentes ya habían caído hace años. Tan sólo los más astutos y hábiles en disimular podían haber resistido hasta aquel momento.

Miró de reojo a la señora Osteoporosis. ¿Cómo disimularía su tremenda malformación vertebral? ¿No saliendo nunca de casa, tal vez? Siempre había un medio, si se buscaba...

Luego se fijó en la madre y sus hijos. La mujer tenía un aspecto perfectamente saludable, y los niños también... pero Vitiligo vestía un disfraz completo de Spiderman, máscara incluida.

La señora Diabetes captó la dirección de su mirada y explicó, sonriente: —Menos mal que ya no hay que llevar uniforme a la escuela. Primero fue Batman, luego Flash, pero el Hombre Araña es el mejor. Al menos hasta que vendan trajes de Iron Man. Así evitamos que el padre y la hermana vean su piel... y cuando no le queda más remedio que enseñarla, tratamos de que esté lo más sucio posible. En la playa le pongo protector solar de colores... pero no sé qué voy a hacer cuando crezca un poco más —se retorció las manos, desesperada. —No resistiría que lo mandaran a la Isla de los Enfermos. Cuentan cosas horribles de ese lugar.

Se hizo un incómodo silencio.

—Yo tengo un amigo en el Banco de Sangre que me vende las papeletas de donante —confesó el señor Hepatitis B, evidentemente para cambiar de tema —Con eso basta para pasar por sano. Y mucho condón, claro.

—Yo estoy mejor... y peor —se quejó Orquitis, por su parte —No necesito ningún papel... pero, condón o no, hace años que no puedo estar con ninguna mujer, ni siquiera con todas las luces apagadas, por miedo a que descubra mi testículo sobredimensionado. Es muy duro.

—Ya me lo imagino, de veras. —Alergia al Huevo señaló al tercer hombre recién llegado, un tipo esbelto, descolorido y de apariencia cansada —¿Y él? ¿Problemas en el corazón?

—No. Él es nuestro conferencista de esta noche —se ufanó Enfisema —viene del Nivel Central ¿saben? Les presento al señor ¡SIDA! El último seropositivo libre del país...

Un murmullo de admiración recorrió a los presentes. Orquitis, Osteoporosis y Hepatitis B se acercaron al héroe de la velada, para mirarlo de cerca y palmearlo calurosamente. —Sabía que éramos colegas venéreos... —dijo el hepatítico, orgulloso.

El pálido invitado pidió silencio, alzando los brazos con gesto teatral, y comenzó una arenga con retórica anticuada, pero a la vez eficaz:

—Hermanos de infortunio ¡qué gusto verlos! Pero a la vez ¡qué tristes las circunstancias que nos reúnen aquí esta noche! Vivimos escondiéndonos en sótanos y buhardillas, como subversivos, como apestados, cuando lo único que reclamamos es el inalienable derecho humano a la enfermedad. ¿Adónde fueron a parar aquellos días felices en que las salas de espera de cada consultorio médico eran libre foro en el que todos podíamos hablar sin miedo, comparando nuestros padecimientos e historias clínicas? ¿Aquellos tiempos en los que cada galeno era paciente escucha y bienhechor que no juzgaba ni condenaba?

"¿Ha acaso desaparecido del alma humana la compasión? ¿Qué terrible metamorfosis ha convertido a los una vez benévolos doctores, surgidos para comprender y curar, en verdugos implacables que denuncian, reprimen y destierran? ¿Y a sus otrora imprescindibles ayudantes, los enfermeros, en esas feroces Brigadas Blancas que cualquier día pueden invadir nuestras casas en busca del menor síntoma de enfermedad, y arrancar a los desgraciados de su familia y su comunidad, desterrándolos para siempre a la Isla de Los Enfermos? ¿Es ese el modo en que nos hemos ganado la fama de ser la nación más sana y saludable del planeta? ¿Es acaso esconder la basura bajo la alfombra la mejor manera de limpiar la casa? ¡Pues no queremos ese galardón manchado de sangre, vómito y pus!"

"Enfermos de todo el mundo ¡unámonos! No tenemos otra cosa que perder que nuestro dolor y nuestra vergüenza. Basta ya de escondernos amedrentados en la sombra ¡salgamos a la luz, exhibiendo orgullosos nuestros tumores, malformaciones y llagas purulentas! ¡Demostrémosle al mundo que la salud perfecta es la peor de todas las enfermedades, porque implica que el veneno de la intolerancia emponzoña el alma de quienes la desean y exigen! ¡Recordémosles que cualquier día ellos pueden ser como nosotros, como mismo nosotros fuimos una vez como..."

Las puertas se abrieron a patadas y las ventanas a puñetazos, todo al unísono. Las luces se apagaron. Hubo gritos, chillidos y ruido de cuerpos que caían al suelo, desmayados.

Con lluvia de cristales rotos, aleteo de cortinas y trepidar de botas, los atléticos comandos de la Brigada Blanca, inconfundibles en sus níveos trajes de protección biológica, tomaron por asalto la pequeña sala. Ni un solo miembro de la célula pudo escapar.

Cuando ya se habían llevado a los demás prisioneros, que forcejeaban indignados o se quejaban de la confusión, alegando ser sanos e inocentes cumplidores de la ley y fervorosos seguidores de las sabias doctrinas del Ministerio de Salud Pública, el capitán del comando se acercó a Alergia al Huevo, completamente inmovilizado entre 2 robustos mocetones.

Entonces, con un tirón, se despojó de su casco capucha, y ambos rompieron a reír, cómplices. Los 2 hombres de la Brigada Blanca que fingían sujetar a Alergia al Huevo lo soltaron para unirse también a la triunfal carcajada, y segundos más tarde ya los 3 comandos se habían liberado de sus incómodas y engorrosas escafandras de protección biológica.

—Pensé que no llegarían nunca —confesó Alergia al Huevo, desprendiéndose por su parte de la prótesis adhesiva de blanda silicona que cubría su musculoso y cuadriculado abdomen y lo hacía parecer una perfecta panza sedentaria, y arrancándose luego el localizador oculto en el queloide de la falsa cicatriz de su cuello, que había permitido a sus compañeros localizar el secretísimo sitio de la reunión y capturar a todos los subversivos enfermos.

—Bueno, atrapamos a ese escurridizo seropositivo, finalmente. Pero fue duro ¿eh, chico? —sin el traje, el capitán muy bien habría podido ser el culturista del póster de encima del sofá —El trabajo encubierto siempre lo es. Y no solo por el riesgo de contagio; después de todo, las vacunas están para minimizarlo. Es que uno se siente... sucio. Enfermo, vaya. —confesó, con una sonrisa extraña. —Hace años yo mismo estuve infiltrado en una de estas células... y meses después todavía me despertaba de madrugada, creyendo que tenía escabiosis, cáncer, lepra o algo peor... supongo que sería complejo de culpa.

Otro hombre de la Brigada, aún de completa escafandra, apareció entonces para decir, con la voz deformada por el casco-capucha: —Capitán ¡qué sorpresa! La vieja no tenía nada. Es que fue contorsionista en el circo...

—Mierda y metástasis —se lamentó Alergia al Huevo. —Una hipocondríaca simuladora... y muy hábil. Ahora tendremos que dejarla libre, aunque sea casi tan peligrosa como su marido.

—¿Libre? —rió el capitán —Ni hablar. No irá a la Isla de los Enfermos... lástima. Pero la encerraremos igual, por Complicidad con Enfermos Ilegales y Obstrucción a la Salud Pública.

—E Incitación al Alcoholismo —añadió sádicamente Alergia al Huevo —Quiso hacerme beber ron —hizo una pausa y siguió diciendo: —Lo más duro de todo no fue fingirme uno de ellos, fumar, aparentar renegar del ejercicio físico y cuestionar nuestras maravillosas campañas de reducción de la mortalidad infantil ni de trasplante obligatorio, sino escuchar la baba retórica de ese señor SIDA... —sus ojos brillaron con fanática satisfacción al agregar: —Menos mal que ya no sembrará más veneno en lo poco que le debe quedar de vida, y que esta era la última célula de la ciudad. El congreso SALUD PARA TODOS EN EL 2050 será el gran éxito mundial que siempre soñamos. Pero no podemos descansar, ni dormirnos en los laureles, tenemos que mantener nuestra reputación de país más saludable y... y... —estornudó.

Contrito y asombrado, miró a sus colegas de la Brigada Blanca y sonrió disculpándose y frotándose la nariz: —No puede ser gripe; ya lo dijo el capitán, las vacunas me protegen... Seguro que no es más que una alergia a ese cigarrillo que me dio Enfisema; no pude rechazarlo o habrían sospechado de mí, y con lo nocivo que es el tabaco... —inhaló fuerte.

Pero ya era tarde. El segundo estornudo se le escapó, incontenible.

Al instante siguiente, y gritando —¡Alerta médica! —el capitán y sus dos hombres, que ya se habían colocado nuevamente las capuchas, saltaron sobre él...

23 de septiembre de 2009

LOS MEANDROS DE LA HISTORIA

*Para Eduardo Del Llano y Alberto Mesa. Humorista e historia-
dor, amigos ambos.
Y para Nancy que conoce el WFP, no faltaba más.*

Noly subió bufando el último tramo de empina-
dísimas y desgastadas escaleras para toparse
con una vetusta puerta cuyo estado de con-
servación no desentonaba con el del resto del inmue-
ble, un palacio venido a menos que ya debía ser
antiguo cuando Alejandro Borgia fue investido Papa.

El número estaba medio despintado, pero aún
se veía. Apartamento 46 del 20034 de Via Jenofonte.
Comprobó con la tarjeta que le diera Abel. Era ahí
mismo.

Una viejita canosa y encorvada que pulía el pasillo
con un trapeador que también parecía contemporáneo
de los Borgia lo miró con la misma cara desconfiada
de todas las encargadas de limpieza del mundo. Solo
le faltó gruñir: "*A ver si cogemos por la orillita, joven...*"

La tal EMPAREDHIS no podía ser muy boyante.
A Noly le entraron ganas de estar bien lejos de allí.

Tal vez la razón de que la empresa no radicara en un superedificio nuevecito no fuese algo tan *inocente* como la simple falta de fondos. Después de todo, aquello de *Reescritura de la Historia* sonaba a negocio sucio. Se imaginó de pronto enredado con la CIA, la KGB, la ETA, el IRA, Al Quaeda, Alpha 66, la mafia rusa... o todos juntos.

En el mejor de los casos, todo no sería más que una broma pesada de Abel, así que si se iba ahora, lo dejaría con las ganas de reírse de él...

Pero ¿y si era verdad?

Tal vez estaba siendo demasiado escéptico. ¿No había toda clase de cosas extrañas en el capitalismo? Sex-shops, hoteles para perros, matrimonios gay y otras excentricidades así.

Además, si de veras existía la tal EMPAREDHIS (Empresa Para la Reescritura de la Historia... por lo visto no eran los cubanos los únicos amantes de las siglas raras... aunque la verdad que esta parecía más bien la de una compañía de sandwichs) hasta parecía lógico que se encontrara precisamente en Roma, como la FAO o el mismo WFP que lo había contratado. Con todos aquellos siglos de historia en cada piedra, la Ciudad Eterna parecía mejor que, por ejemplo, París, donde estaba la UNESCO. O New York, sede la ONU, o hasta La Haya, que ya alojaba la Corte Internacional de Justicia...

Tocó.

La puerta se abrió al impacto de sus nudillos: ni siquiera estaba cerrada con llave. Al otro lado del umbral, en lugar de las máquinas extrañas que a la vez temía y deseaba encontrar, solo la más corriente de las oficinas: Archivadores grises debajo de un viejo aire acondicionado, una ventana de vidrios empolvadísimos, un inmenso mapamundi físico en la otra pared, y en la tercera uno de aquellos *árboles de tiempo* de la evolución de la cultura humana, con los clásicos cromagnones en las raíces, chinos, egipcios y mesopotámicos en el tronco, romanos, griegos, aztecas e incas en las ramas y la nave espacial de siempre en el copito donde todas confluían en la cultura global contemporánea.

Y un buró, claro; con la computadora de rigor encima, y también clásico, una silla delante y un sillón detrás.

Sentado en él, un hombre. Traje y corbata azul marino, camisa blanca, cabello castaño bien cortado, ojos café, sin barba ni bigote ni gafas, y una cara de disponibilidad tal que... a Noly se le ocurrió que si alguna vez a alguien se le ocurría erigirle un monumento al Funcionario Desconocido, aquel tipo podría servir muy bien como modelo. Tampoco tenía una mancha ni una pelusa fuera de lugar en el traje, ni una verruga, ni un grano, ni una cicatriz que le diera un ápice de individualidad.

—Buon giorno, signore. Il mio nome é Hiro Dotus. ¿In ché posso servirlo? —dijo muy afable y en perfecto italiano en cuanto lo vió entrar. También su voz era anodina, normal, estándar, sin ningún acento... bueno, al menos el nombre ya era otra cosa. Tranquilizador. Hiro sonaba como japonés, y en cuanto al Dotus, podría ser holandés, o quizás danés... pueblos serios y emprendedores, poco amantes de las estafas, todos.

—Eh, salve, io sono Manuel... eh, io vorrei... —empezó Noly, maldiciendo su falta de familiaridad con la lengua de Dante: en las dos semanas que llevaba en Roma, con los colegas del WFP solo había hablado en inglés...

—Disculpe, Manuel ¿habla español? —lo interrumpió al punto Hiro Dotus.

—Sí, soy cubano —asintió Noly, sorprendido —Pero ¿cómo...?

—Experiencia. Tenemos clientes de todas las nacionalidades —sonrió esfíngico Hiro Dotus. —Además, imagínese —gesticuló, con aire cómplice —en nuestro... ramo nos resulta muy útil cierta familiaridad con idiomas arcanos ¿entiende? Yo mismo hablo y escribo perfectamente quechua y aymara, latín y griego antiguo, me defiendo en arameo y puedo leer sánscrito y egipcio, tanto la escritura demótica como la jeroglífica. Después de eso, español, alemán, francés, inglés, son casi un juego...

—Ah —dijo tan solo Noly. A él, después de tantos años, algunos fonemas del idioma de Shakespeare todavía le anudaban la lengua.

—Sí, ah —lo apoyó Hiro, y se sonrisa se hizo más amplia aún al decir: —Y bien, ¿qué tal si entramos en materia? Para empezar, Manuel, podría decirme, además de qué lo trae por nuestra oficina, quién le habló de nosotros...

Noly tragó en seco y empezó a balbucear, mirando al suelo:

—Bueno... ¿sabe? Es que yo estoy trabajando en el WFP... somos muchos extranjeros, de todas partes del mundo, y las relaciones interpersonales a veces se vuelven difíciles ¿entiende? El caso es que hay uno, un camboyano, que no para de restregarme por la cara que mientras sus antepasados khmers ya habían construido todo el complejo de Angkor, los míos, los taínos cubanos, todavía andaban encueros cazando caguamas, sembrando yuca, fumando tabaco y bailando el areíto. Yo he estado tres veces a punto de partirle la cara, porque uno tiene su orgullo nacional y eso, pero un amigo peruano, Abel... o sea, el señor Hernández, me dijo que eso no resolvería nada y me habló de ustedes, así que aquí estoy, señor Dotus... —respiró al fin.

Lo había soltado todo...bueno, casi todo: no había dicho que el verdadero motivo de que no le hubiera caído a piñazos a Kim era que, aunque el insoportable chinito no pesaría siquiera 55 kilos ni llegaba al metro con sesenta, en una velada étnica en el WFP lo había visto dar una impresionante demostración de su habilidad en algún extraño arte marcial lleno de brincos y patadas voladoras... y ¿qué sentido tenía empezar una bronca que uno sabía imposible de ganar?

—Manuel, por favor, llámeme Hiro —sonrió de nuevo el Funcionario Anónimo, cuyos dedos danzaban ya una histérica coreografía sobre el teclado de su ordenadora —Veamos... Abel Hernández, peruano, sí, aquí está... le contaría encantado de la reescritura de los orígenes del imperio inca que nos solicitó, verdaderamente original... pero ¿sabe? está el secreto profesional, la privacidad... y es un gran cliente, que ya nos ha enviado a varios otros. Como usted...

—Entiendo, entiendo —lo cortó Noly, preguntándose si el avaro peruano también cobraría comisión por cada nuevo cliente. —Mire, Hiro, hablando en plata: yo había pensado en algo... radical, tremendo... no sé, algo que hiciera que Kim se callara para siempre ¿pueden ayudarme o no?

—Humm —musitó Hiro Dotus, sus manos aún corriendo por el teclado —Creo que sí, Manuel... veamos. Los taínos... tabaco, yuca, caza, pesca, conchas, areíto, behíques, animismo... sí, cultura neolítica... Angkor, medioevo del Sudeste Asiático... complejo, pero no imposible —sonrió nuevamente —Bien ¿qué le parecería una teoría bien fundamentada sobre la presencia de algunos taínos entre los ingenieros que construyeron Angkor?

—¿No estará... exagerando un poco? —dudó Noly, aunque interiormente encantado con la idea. Mejor que todo lo que había imaginado ¡Taínos en

Angkor! Kim tendría que comerse sus palabras... y sin arroz. Luego le vino otra duda: —Pero ¿no... costará demasiado?

—Un momento... veamos... exactamente 570 euros —dijo al fin Hiro, siempre risueño, tras otro breve y frenético tecleo —Pero le garantizo que así ese camboyano no lo molestará nunca más...

—¡¡¿570 euros?!! —bufó Noly, aunque más por amor al regateo que porque le pareciera realmente caro: si bien la cifra habría sido una auténtica fortuna en Cuba, era apenas la tercera parte del sueldazo que le pagaba cada mes el WFP como consejero agrícola... qué lástima que aquella contrata no pudiera durar para siempre: cómo iba a echar de menos aquel dinero cuando regresara a Cuba y a su modesta plaza de profesor asistente de Hidrología de Suelos en el ISCAH.

—Siempre lo puede pagar a plazos, y sin intereses. Le doy una factura detallada de los costos, si quiere... —propuso Hiro Dotus sin perder su sonrisa, y comenzó a enumerar, leyendo en la pantalla del ordenador: —Por el hallazgo de pictografías que representen grandes canoas de guerra taínas tipo catamarán, capaces de cruzar el Atlántico: 50 euros... no será tan convincente como encontrar una embarcación completa enterrada en una ciénaga, pero sí más barato, e igual bastará. Los taínos, como cultura del tronco arahuaco, no tenían lenguaje escrito, y eso facilita bastante el asunto... si viera lo que nos costó crear una duda razonable de que los chinos pudieron haber descubierto América. Sigo; para confirmar que el viaje hipotético tuvo realmente lugar, ubicar unos fragmentos de una de esas canoas, tallados en una madera exclusiva del Caribe, yaya o guayacán, quizás, en la costa marroquí o la de Libia: 100 euros... más caro, porque es una zona arqueológicamente más explorada. Y si además quisiera que se encontrase un testimonio escrito, por ejemplo, en amárico antiguo, del paso por Etiopía de un contingente de mercaderes extranjeros de baja estatura, cabello lacio y negro y tez cobriza... 100 más —lo miró, súbitamente serio.

—Aunque lo que sí sería una evidencia prácticamente indiscutible es que aparecieran en la mastaba de algún faraón egipcio de una de las dinastías más oscuras, la II o la VI, por ejemplo, productos agrícolas caribeños típicos... como hojas de tabaco o tubérculos de yuca desecados... claro que también resultaría más sospechosa, y costaría el doble, pero eso no lo incluyo en el precio, es solo hipotético —alzó la vista y se encontró con la boca abierta de Noly —¿Se siente bien, Manuel? ¿Continúo?

—Eh... sí, siga... es solo que sus... métodos me sorprenden un poco —balbuceó Noly, y puso en práctica acto seguido un truco de regateo aprendido (lógicamente) de Abel: cuestionar la naturaleza misma del producto que se pretende comprar: —Pero, me viene una duda: Lo que hacen ustedes es reescribir la historia ¿o solo falsificarla? A fin de cuentas, por lo que sé, no fueron los taínos quienes construyeron Angkor...

La sonrisa del Perfecto Funcionario se borró tan de golpe de la cara de Hiro Dotus que Noly temió haber ido demasiado lejos. Pero se equivocaba.

—Reescribir, falsificar —empezó a decir el otro con tono cansino, como si repitiera una frase mil veces pronunciada —¿Acaso hay una única verdad? En la historia, como en la vida, todo depende del punto de vista. Manuel, me decepciona usted. Pensé que si había venido aquí era porque tampoco creía en esa estúpida concepción lineal y absoluta de la realidad y el devenir temporal —ya volvía a sonreír —Supongo que habrá oído antes eso de que *la historia la escriben los vencedores...* ¿no?

—Sí, claro —admitió Noly, entendiendo al vuelo adónde quería llegar Hiro —algo he leído al respecto. La concepción estática y eurocentrista y todo eso ¿no?

—Bien para empezar —asintió Hiro Dotus vivamente. —Me encantan los clientes bien informados. Pero lo que trato de decirle es que cualquier concepción exclusivista a la larga resulta errónea. Mire, para hacerle entender mejor a qué me refiero... ¿Ve esa gráfica de tiempo? —señaló a la pared. —Pues imagínesela no como una estructura vertical, no un árbol, sino algo horizontal... como un río con todos sus afluentes. ¿Puede hacerlo, Manuel?

—No faltaba más, mi especialidad es la Hidrología —bufó ofendido Noly. —Sí, podría ser un perfecto sistema hidrográfico... manantiales, afluentes, corriente principal... aunque el que confluyan todos en un solo cauce no es muy verosímil...

—Bueno, es solo una analogía —se excusó Hiro

—Pero, sí... ningún cauce es así de ordenado ¿verdad? Los ríos no corren en línea recta; giran alrededor de las rocas, se estancan en el fondo de los valles, frenan su fluir en largos meandros curvos —su voz había recuperado aquel tono de discurso mil veces pronunciado. —Y la historia hace lo mismo. No es esa estática, ordenada escalera única que nos enseñaron en la escuela, que asciende continua de los egipcios a los griegos, de los romanos a los carolingios. Está viva, es dinámica, se reordena una y otra vez, tiene tramos laterales, rellanos, escaleras paralelas: los kurganes, los escitas, los hititas, los incas, los mochicas, las culturas polinesias... culturas de distintos niveles, floreciendo varias al mismo tiempo, o unas alzándose hacia su auge mientras otras decaen. No hay una sola historia, sino muchas. El concepto de la aldea global es reciente, pero incluso hoy coexisten el Paleolítico de los papúes de Nueva Guinea con el siglo XXI en Tokio y New York. Y cada una tiene su historia.

—Muy interesante —aceptó Noly, pero insistió, terco: —Aunque igual los taínos no construyeron Angkor... ni en esta, ni en su historia ni en ninguna otra.

—¿Está usted tan seguro? —Hiro Dotus sonrió mirando la computadora. —Porque antes dijo "*por lo que sé*". Quizás sí lo hicieron, y es solo que ni usted, ni yo, ni los historiadores lo sabemos. Además, nosotros ni siquiera decimos que lo *hayan hecho*... solo que *podrían haberlo hecho*. ¿No sabe cómo funciona el mundo académico? Una hipótesis, con algunas pruebas o al menos dudas razonablemente positivas, ya asciende al rango de teoría... aunque de ahí a seguridad falte un buen trecho aún. Y no olvide que teorías bastante más increíbles han sido propuestas por los investigadores más serios... El descubrimiento de América por una expedición mongola; la población de Australia por navegantes paleolíticos de origen bosquimano. Y algunas hasta *casi* se han demostrado: Por sólo citar una, Thor Heyerdhal logró que se incluyera su teoría de la colonización de la Polinesia por pueblos de origen andino en muchos libros, y eso siendo apenas un etnólogo aficionado. El río oficial de la historia también está lleno de meandros, tramos muertos, lagunas, cataratas y sumideros... Hay mil acontecimientos que parecerían improbables, pero que están bien documentados y ocurrieron realmente. El cartaginés Haakon dió realmente la vuelta a toda África un milenio antes que Vasco de Gama. Y los vikingos no solo estuvieron en América antes que Colón, sino que llegaron a Sicilia, Bizancio y fundaron Rusia. Los ainos del Japón son un pueblo caucasoide, no de aspecto asiático, o sea, que vinieron de Europa o al menos de la India aria. Zimbabwe y Tumbuctú eran capitales de imperios negros que nada tenían que envidiar al de Carlomagno...

—De acuerdo, de acuerdo; basta —pidió clemencia Noly, maldiciendo todos los tacos que había tirado durante las clases de Historia en vez de atender mejor. —Siga con sus hipótesis y sus precios, por favor.

—Un par de referencias en uno de los nuevos rollos de pergamino del Mar Muerto a los pueblos venidos del mar que echaban humo por la boca; 150 euros. —Hiro se encogió de hombros —... los judíos siempre fueron algo tremendistas, ya sabe, pero con las fuentes paleocristianas uno no puede improvisar mucho, no al menos en esta cultura occidental. Luego, que aparezcan otros indicios en los anales de alguna de los ciudades del Asia Central por las que pasaba la Gran Ruta de la Seda... tal vez Samarcanda y Bujará; 100 euros más... los precios han subido, hace unos años por la misma cantidad hasta podríamos ofrecerle un capítulo semi-apócrifo de *El Millón* de Marco Polo, donde el gran trotamundos veneciano hablara de los pequeños extranjeros de piel cobriza que jugaban a pasarse una pelota sin tocarla con manos ni pies. Para terminar, 70 euros más para que uno o dos esqueletos ricos en nicotina y pertenecientes a individuos de baja estatura aparezcan en un sepulcro de Angkor, y le prometo que más de un digno académico morderá el cebo, empezará a atar cabos y entonces usted tendrá su venganza...

—Visto así hasta parece casi un precio razonable —dudó aún Noly. —¿Pero bastará? Me parecen unos hechos un poco endebles para construir una hipótesis... ¿Y además... cuánto demorará?

—Eso es lo malo, puede tardar un poco... yo diría entre 3 y 5 años. Pero le garantizamos los resultados, eso sí. Creáme: no conoce usted a los historiadores —sonrió cómplice Hiro Dotus. —Con mucho menos que eso algunos han puesto en tela de juicio teorías apoyadas por pruebas bien sólidas. Ya hay hasta quienes dicen que Colón nunca estuvo en América, y que fueron los hermanos Pinzones los verdaderos descubridores ¿qué cosas, no? —Noly rió y Dotus lo imitó, hasta que volvió a ponerse serio. —Pero no hay que juzgar a los académicos con demasiada dureza. Yo diría que es una tendencia psicológica normal: de tanto estudiar lo que creen invariable, ya sucedido, el pasado inalterable, empiezan a soñar con la historia como un juego de rol, con los mundos alternativos, con lo que hubiera podido pasar si... o con tal de encontrar un campo virgen para un par de artículos, se obsesionan con una cultura sin importancia, y tratan de inflar su papel en la evolución humana, sacarla del casi anonimato del calmado meandro del río de la historia donde surgió y desapareció sin pena ni gloria, y lanzarla al torrente principal de los acontecimientos. Y lo único que hacemos nosotros es darles un punto de partida, cuando más ayudarlos un poco.

—Ya... revolver un poco el fango de los meandros de la historia —pensó Noly en alta voz. —Y a fango revuelto, historia confusa...

—Buenas metáforas esas dos ¿puedo anotarlas? —inquirió Hiro —No nos hacemos publicidad aún, por motivos obvios... pero todos en la empresa tenemos la esperanza de que pronto cambien las cosas ¿sabe? —volvió a teclear en su ordenador —De todos modos, debo advertirle que si su reescritura es asunto urgente, el plazo puede reducirse sí... pero los costos se multiplicarían de modo notable —se encogió de hombros. —El río de la historia tiene su inercia, y por ignorados y pequeños que sean los meandros, lleva tiempo ponerlos en movimiento. Y mucho dinero... hay que pagar a muchos arqueólogos, estudiosos, etc... ni se crea que soy el único que está en la nómina de la empresa, yo soy apenas el rostro visible, pero hay muchos nombres famosos que trabajan para nosotros... Mire, lo que le decía —tras teclear casi con furia, leyó: —algo relativamente simple, pero definitivo y de efecto inmediato; para que un especialista en lenguas orientales descubriese similitudes fonéticas entre el alfabeto khmer y la lengua arahuaca, el mínimo serían 5000 euros...

Noly tragó en seco. ¡¿5000?! Decididamente fuera de su alcance. Además, después de todo, 3 años no eran tanto, y por 570 euros...

—De acuerdo —musitó. —Me quedo con el plan original —suspiró, y para relajar tensiones, se le ocurrió preguntar. —Pero, tengo otra curiosidad. Dígame, ya que ha hablado de tantos historiadores y arqueólogos... ¿Thor Heyerdhal, el de la *Kon Tiki*... estaba en su nómina? Supongo que ahora puede decírmelo sin problemas, como ya murió hace años... es que visité Cuba una vez y lo vi de cerca

La faz de Hiro Dotus volvió a adoptar su expresión de Funcionario Perfecto, pero ahora en la variante de No Estoy Autorizado A Revelar Ese Dato —Lo siento, nuestras nóminas son altamente secretas y además...

Lo interrumpió la intempestiva apertura de la puerta, que también hizo girarse a medias a Noly en su propio asiento, curioso por ver qué nuevo cliente entraba.

Aunque la verdad es que no era precisamente un cliente lo que parecía el recién llegado. —¡Noticias... grandes noticias! ¿no te dije que nos seguían los pasos muy de cerca? —aulló en inglés, pero callándose al percatarse de que Hiro Dotus no estaba solo.

Era un tipo alto y delgado, con una apostura vagamente atlética, como de jinete o corredor de fondo. Usaba un fino bigotito y un safari color caqui, botas de montar altas y salacot de médula de bambú. De toda su persona brotaban nubecillas de polvo, o tal vez fueran de arena. No le faltaban ni siquiera los binoculares colgando del cuello y la fusta en la mano. Para completar la viva estampa del perfecto caballero explorador colonial solo se necesitarían un par de negros semidesnudos llevando bultos en la cabeza y llamándolo "bwana" o "sahib". Y Noly no pudo menos que preguntarse si habría llegado a caballo, en dromedario o en elefante.

—Ya se sabe que nos vigilan, Burton, pero puedes hablar con confianza delante del señor; es un cliente —lo conminó Hiro Dotus, dando más datos para calmar al explorador. —La suya es una reescritura interesante; taínos en Angkor... En fin, habla de una vez ¿qué ha pasado ahora?

—¿Cómo que qué, Hiro... acaso no has leído el *London Times* de hoy? —continuó el tal Burton con un vetusto, exagerado acento británico, atusándose furiosamente con una mano el casi invisible mostacho mientras sacudía en la otra un periódico doblado —¡Se acabó el secreto! ¡Se habla de nosotros, y en primera página! —sus aristocráticas facciones estaban distorsionadas por una emoción que a Noly no le quedaba muy claro si era simple sorpresa... o furibunda ira. Pero por lo visto, compartir con otros las malas nuevas lo ayudaba a calmarse, porque continuó, ya más tranquilo, tendiendo el diario a Hiro: —Dotus, el asunto es grave... ya te había advertido hace años que aceptar la propuesta de ese Daniken nos iba a meter en problemas, sé reconocer a alguien indigno de confianza en cuanto lo veo...

—Hum... sí, grave —murmuró Dotus mientras leía —¿Conque ahora a esos locos discípulos de Erick se les ha ocurrido decir que somos extraterrestres?

Pues habrá que tomar algunas medidas —sus ojos chispearon con una furia que hizo que Noly se sintiera muy feliz de no ser el tal Erick.

Pero no tuvo tiempo de sentir mucho más; Hiro Dotus, moviéndose con una rapidez insospechada para su aspecto, saltó por encima del buró desde su sillón-trono. Y cuando Noly aún intentaba comprender cómo había logrado tal proeza atlética más digna de un ninja o un campeón olímpico de salto que del Funcionario Perfecto, se vió acompañado o más bien empujado por él hacia la puerta, entre nubes de excusas profesionales:

—Tendrá que disculparnos... asuntos privados... le haremos un descuento especial (eso fue lo que realmente lo decidió a dejarse sacar de la sede de la EMPAREDHIS)... imperativos de política de la empresa... (y, no podía faltar:) no nos llame, nosotros lo llamaremos...

Así que se encontró de nuevo en el pasillo... y cuando se inclinó para pegar la oreja a la puerta tratando de enterarse de algo más, solo alcanzó a escuchar "*lo peor de todo es que si Daniken y los suyos nos hacen la competencia, tendremos que bajar todavía más los precios...*" en el inconfundible acento de gentleman de Burton, y luego un imperativo siseo.

A partir de ahí, solo un extraño intercambio de chillidos que lo hizo pensar más en el diálogo de dos murciélagos que en una conversación entre seres humanos. Y, tras escucharlo durante otro algunos segundos más por si acaso, aunque sin entender nada, chasqueó la lengua y se irguió dando media vuelta...

Con lo que chocó de espaldas contra alguien que estaba inclinado sobre él, derribándolo. La anciana limpiapisos cayó cuan larga era, con gran estruendo de cubo y trapeador.

Aturdido y avergonzado, con la mejor excusa que conocía en italiano en la punta de la lengua, Noly se inclinó para ayudarla, pero lo que vió lo hizo cambiar de idea y darse a la fuga.

Medio minuto después y varios tramos de escaleras más abajo, mientras trataba de recuperar el aliento en la calle, varias preguntas rebotaban en la confusa mente de Noly:

¿Un trapeador que al desarmarse mostraba dentro extraños mecanismos... como una mirilla telescópica? ¿Y un cubo cuyo doble fondo escondía un par de auriculares? ¿Habían avanzado tanto las técnicas de limpieza... o era cierto lo que había dicho Burton, y la EMPAREDHIS estaba estrechamente vigilada?

La viejita usaba peluca, y el cráneo rapado debajo tenía tatuada ¡una foca! ¿Una limpiapisos de los SEAL de la U. S. Navy?

Y el salto de Hiro Dotus por encima del buró: había sido...increíble. Aunque no tanto como aquella cola con la que a Noly le había parecido que se impulsaba.

Los seres humanos no tienen colas, ni saltan así ¿Serían realmente extraterrestres? O teniendo en cuenta a aquel Burton... ¿Podría ser Richard Burton, el descubridor de las fuentes del Nilo? ¿No había muerto en el siglo XIX? ¿Viajeros del tiempo, también?

¿Y aquel Daniken, familiarmente Erick... no sería por casualidad Erick Von Daniken, el de *El Regreso de los Dioses* y todos esos libros que decían que los ETs lo habían hecho todo en la historia del hombre? Si Hiro Dotus había mencionado antes a Thor Heyerdhal, tal vez...

Noly se encogió de hombros y chasqueó la lengua mientras se alejaba caminando, pensativo y cabizbajo. Ya lo llamarían ellos, sí... el caso es que él no tenía cómo llamarlos. Por lo visto, Kim tendría que esperar un poco.

Luego sonrió. Como decía Hiro Dotus, a veces lo más importante podía no ser lo que *había pasado*, sino lo que *pudiera haber pasado*. No la corriente principal, sino los meandros del río de la historia.

Y, después de todo: ¿quiénes era Kim y él, ni arqueólogos ni historiadores, para estar tan seguros de que, en uno de esos meandros, los taínos no habían colaborado realmente en la construcción de Angkor?

7 de noviembre de 2002

LAS CHIMENEAS

A Slawomir Mróczek,
por su genial libro de sátiras fabuladas
El elefante.

Había una vez un país grande y un país pequeño, que eran vecinos y muy diferentes...

En el país grande gobernaba desde hacía décadas un puñado de ricos aburridos, mediante el simple y eficaz recurso de comprar los votos de un pueblo educado en el concepto de que el dinero mueve al mundo y acostumbrado a que todo tuviese un precio. Era, por supuesto, una democracia.

En el país pequeño gobernaba desde hacía décadas un afable dictador, (Gran Timonel Del Destino Nacional) elegido cada año por su pueblo en comicios donde, simple y eficazmente, era el único candidato autorizado a postularse. Era, no faltaba más, una democracia.

El país grande, baluarte de la economía mundial, fabricaba en sus sofisticadas industrias robóticas y esterilizadas productos de todas clases y marcas, cuya alta calidad era proverbial: Automóviles, máquinas de coser, medias, condones, paracaídas, cepillos de dientes, motores cohete. Armas, medicinas, juguetes, ropas, papas fritas... y tuercas de dos aristas (elemento indispensable para la más avanzada tecnología de hoy, como se sabe). Y en tales cantidades, que además de cubrir por completo su consumo interno, podía vendérselo al resto del mundo, que lo compraba todo, aunque gruñendo un poco por sus precios.

El país grande era un país rico. Lo que, no se cansaban de repetir orgullosos sus gobernantes, se debía a lo buenos que eran ellos.

El país pequeño fabricaba, de modo más bien artesanal e improvisado, apenas la mitad de las cosas que necesitaba. El resto debía comprarlas en el exterior, sobre todo al vecino país grande...Y a nadie más allá de las fronteras del país pequeño se le habría ocurrido comprar nada de lo producido allí, que no era precisamente famoso por su calidad.

El país pequeño era un país pobre. Lo que de vez en cuando le causaba insomnio a su afable dictador (Guía Iluminado De Su Pueblo) que nunca se cansaba de decir que era culpa de la mala suerte y del país grande. Pero, agregaba, las cosas por fuerza **cambiarían**, con el tiempo y su sabia dirección...

De hecho, el país pequeño habría sido un país miserable e insignificante a no ser por su inmensa fábrica de tuercas de dos aristas (elemento indispensable para la más avanzada tecnología de hoy, como se sabe), orgullo del país y de su líder, que había invertido el Producto Nacional Bruto de dos años enteros en construirla. La encargada de hacerlo fue (pura casualidad) una empresa del país grande. La vecindad abarataba un poco los costos.

La enorme fábrica, declarada propiedad del pueblo, era una de las mayores del mundo. Más exactamente, era **la segunda** mayor del mundo, porque la primera, **la mayor**, propiedad de un megacorporación, estaba... en el vecino país grande. Curiosamente, casi en la frontera colindante con el país pequeño.

Lo que no dejaba de parecerle una insufrible prepotencia, casi un insulto simbólico, al líder de dicha nación. Quizás por eso había elegido construir su propia fábrica de tuercas de dos aristas (elemento indispensable para la más avanzada tecnología de hoy, como se sabe) también casi en la frontera del poderoso vecino, frente a la fábrica de este. Cara a cara. Lo que a los ojos de todos los países pequeños y pobres del mundo era un desafío comparable solo al de David frente a Goliath. Al afable dictador (Inspirado Auriga De La Libertad Nacional), le gustaban tales símiles clásicos.

Lo que no le gustaba tanto, aunque no se lo habría confesado a nadie, era que, cuando construyó SU (siempre pensaba en esa palabra con mayúsculas) fábrica, acariciaba la no muy secreta intención de humillar **para siempre** a su vecino, dejando pequeña la suya. De hecho, lo había logrado... pero no para siempre, sino apenas por un mes. Al cabo del cual, la misma empresa que le había construido la SUYA hizo notables ampliaciones en la del país grande, que volvió así a ser **la mayor** del mundo.

Y así andaban las cosas.

Hasta que, un día... justo cuando el afable dictador (Padre General De La Nación) conmemoraba el trigésimo aniversario de la inauguración de SU gran fábrica de tuercas de dos aristas (elemento indispensable para... etc, etc, etc) con un breve e inspirado discurso de seis horas para una multitudinaria concurrencia de pie bajo un sol rajapiedras en el amplio patio de la fábrica, **ocurrió**.

El Supremo Orador alzó la vista al público, SU público... y se quedó callado en plena diatriba. Diez segundos, veinte, un minuto... Tan inusual era tal silencio, que sus más fieles secuaces, sus más cercanos colaboradores, adaptados a tales discursos hasta el punto de ser capaces de dormir de pie bajo el sol y la perorata, despertaron de golpe, como por instinto.

La situación era absolutamente inédita. ¡En la tribuna, el Máximo Líder... privado del habla! La furia coloreaba de púrpura su rostro de común afable. Al fin, un dedo tembloroso pero justiciero señaló **la afrenta**.

La sombra. Una lista de sombra, de apenas dos metros de ancho, en la que un puñadito de astutos asistentes al acto (egoístas, enemigos del pueblo camuflados) se refugiaban del duro sol del atardecer.

El murmullo de desaprobación del resto de los concurrentes al acto los hizo regresar al sol a toda prisa, pero ya todos habían visto sus caras. Y tal vez el fervor popular los habría linchado al instante, pero, por suerte para ellos, el dedo preclaro e inexorable del Gran Guía volvió a alzarse, señalando al **verdadero culpable**: la chimenea (la más alta del mundo desde la última ampliación, por cierto) de la fábrica de tuercas de dos aristas (elemento... eso mismo... etc) del vecino país grande. Que, con la complicidad del sol, estaba en ese mismo instante protagonizando una burda y prepotente violación de las fronteras del país pequeño.

Era **insoportable**, moralmente hablando.

Esa misma noche, un equipo de agrimensores y geómetras, reunidos a toda prisa y en secreto, analizó el caso e hizo su dictamen. La situación, de rara coincidencia, podría calificarse como de *ensombrecimiento mutuo*. Por las mañanas, el sol, desde el este, hacía que la chimenea de la fábrica de tuercas de dos aristas (elemento ... ya se sabe) del país pequeño cayera justo sobre el patio de la fábrica similar del país grande (donde a nadie nunca le molestó tal situación, sino todo lo contrario, porque una sombra a pleno sol se agradece... casi siempre). Por las tardes, la situación se invertía... solo que, al ser casi cincuenta metros más alta la chimenea de la fábrica del país grande, la sombra era un poco más... ¿cómo decirlo?... más extensa.

En fin, que las cosas eran así y no había mucho que pudiera hacerse, dictaminaron los sabios.

Y fueron inmediatamente enviados a sembrar henequén (por fatalistas y derrotistas), junto con los que esa misma mañana habían osado cobijarse del sol bajo aquella sombra invasora (por oportunistas y agentes de la desmoralización enemiga). Y con ellos fue también un desgraciado arquitecto que, al ver deprimido y furioso al Sumo Dirigente, se atrevió a sugerir, adulador, que SÍ había algo que podía hacerse (pera que no lo divulgara, porque las ideas geniales en el país pequeño no podían ocurrírsele a nadie más que al afable-dictador-ya-no-tan-afable)

Al día siguiente, en la más inspirada alocución de su genial carrera de orador (once horas, transmitida en vivo por todas las emisoras de radio y TV del país pequeño, por supuesto), el Regente De Los Destinos Nacionales se dirigió a su pueblo. Recapituló (enterita, con fechas y todo, gracias a su proverbial memoria de autista) la larga historia de abusos y atropellos del país grande sufridos por los países pequeños del mundo, y dijo BASTA en nombre de todos ellos.

Ciertos fragmentos del discurso, como concebidos ex-profeso para ser citados, fueron reproducidos al día siguiente en todas las agencias de prensa (sobre todo las de otros países pequeños). Por ejemplo:

"Hasta la paciencia de los pueblos tiene un límite, y ese límite es la afrenta. Cansados de bofetadas simbólicas, un día los pueblos descubren que ya no les quedan más mejillas que poner mansamente, y entonces el símbolo se vuelve contra el agresor"

Solo casi al final de las once horas, el Líder Más Alto reveló su genial idea. Que reivindicaría para siempre el orgullo pisoteado de todos los pequeños países. Ya que SU (pero se cuidó muy bien de no pronunciar las mayúsculas en público) **modesta** fábrica de tuercas de dos aristas (eso mismo de la tecnología moderna, sí...) no podía, a pesar de todo, competir con los recursos de la gran potencia vecina... la derrotarían con un símbolo. Y su pueblo y el mundo entero se enteraron de la firme decisión del afable dictador del país pequeño (y por ende de todo su pueblo) de convertir la chimenea de su fábrica en **la más alta del mundo**. Y su gesto, las manos tendidas hacia arriba, al infinito, y su lema en latín, EXCELSIOR, quedaron registrados para todos los periódicos y emisiones de noticias del globo, al día siguiente...

Nadie quedó indiferente a aquel desafío públicamente lanzado. Algunos aplaudieron. Como los ecologistas, porque se sabe bien que mientras más alta es una chimenea menos contamina el aire respirable a nivel de la tierra; y los países pequeños, porque sentían ya esa superchimenea como suya. Y los fabricantes de vigas circulares de sostén y de ladrillos refractarios para chimeneas, porque ya veían engrosarse de modo notable sus cuentas bancarias.

Otros rieron. Como toda la población nativa del país grande (no eran tantos, una vez restados todos los inmigrantes de países pequeños), por lo absurdo del reto a su poderío. No había ni que imaginarse que la megacorporación dueña de la fábrica iba a permitir que los pusiera en ridículo esa superchimenea así como así ¿no? También harían más alta la suya, por supuesto (Y, en la Bolsa, las acciones de la megacorporación subieron varios puntos ese mismo día, para regocijo de su Junta Directiva) Porque **un símbolo es un símbolo**, dijeron todos. Y rieron los psicoanalistas, añadiendo el adjetivo fálico al sustantivo anterior. Rieron e hicieron chistes los humoristas de todo el mundo del absurdo... y a algunos les costaron muy caras la risa y los chistes. Ciertos pueblos no toleran carcajadas antisimbólicas.

El gobierno del país grande ni se molestó en decir nada.

Los jugadores profesionales a todo lo largo y ancho del planeta hicieron sus apuestas. La prensa internacional envió divertidos e incrédulos corresponsales especiales a ambas fábricas de tuercas de dos aristas (etc) y la carrera en vertical comenzó.

La obra, dijeron los expertos, sería compleja, carísima y lenta. No bastaba con simplemente agregar metros y más metros de chimenea hacia arriba, de modo mecánico. Había que reforzarlo todo desde la base, o la estructura se hundiría bajo su propio peso. Muchos expresaron su escepticismo: no había mucha experiencia en levantar chimeneas tan altas, en ninguna parte del mundo.

Pero el entusiasmo hizo milagros: en menos de dos semanas, y con sólo dos derrumbes parciales, tras un esfuerzo titánico y algunas víctimas condecoradas póstumamente como Héroes De La Patria (el trabajo a tal altura siempre ha tenido sus riesgos) echando mano a sus reservas para tiempos de guerra, el país pequeño logró que su chimenea creciera sesentaicinco metros, hasta superar en quince la altura de la rival. Y la bautizaron **Chimenea de la Dignidad**.

Luego se agotó el crédito bancario del país pequeño, los de la corporación del país grande echaron mano a sus recursos... (aunque parte de la Junta Directiva refunfuñó, al final decidieron proteger esa reciente popularidad que valorizaba sus acciones, y abrieron sus monederos) y los superaron en treinta metros. Entonces, los miembros del GPDPP (Grupo de Países en Desarrollo Productores de Petróleo), por primera y última vez en su historia, hicieron una donación desinteresada al afable dictador, y la chimenea del país pequeño recuperó los metros perdidos y se elevó otros treinta. El afable dictador volvió a repetir el gesto y retornó con su EXCELSIOR a las primeras planas de los diarios, ahora con una sonrisa de triunfo aún más grande.

Ambas chimeneas eran ya los objetos más altos del planeta construídos por el hombre. Superaban, si bien todavía por escasos metros, a las Torres

Petronas de Kuala Lumpur, a las del World Trade Center en New York. Dejaban chiquito hasta el famoso Euromástil, proyecto conmemorativo del Tratado de Maästricht. Que fue **momentáneamente** pospuesto hasta ver el final de semejante duelo de colosos.

El duelo de alturas continuó por meses, y en la elevación de ambas chimeneas se invirtieron recursos financieros equivalentes a los presupuestos de varios pequeños países.

Cuando la Chimenea de la Dignidad estaba cerca del kilómetro de altura, la megacorporación dueña de su rival en el país grande calculó costos contra ganancias y anunció, con suspiros de alivio de su Junta Directiva, que se lavaba las manos a coro, que no era rentable seguir elevando su propia chimenea, y que, por tanto renunciaba a... la reacción del pueblo del país grande fue tan unánime e iracunda que a sus ya no tan aburridos gobernantes no les quedó más remedió que echar mano al Presupuesto Nacional (hubo largas discusiones en el Parlamento, pero al final primó el orgullo sobre el dinero, por una vez, para variar)... y subsidiar la extensión de la chimenea por sesenta metros más, en un esfuerzo monstruoso y con el obvio objetivo de humillar **definitivamente** las ínfulas simbólicas del país peque-ño y su ya-casi-nunca-afable dictador. Al que nadie en el mundo le prestaría tal cantidad de de dinero para gastarlo en una chimenea, según todas las reglas de la lógica económica.

Pero en todos los continentes se abrieron suscripciones Pro Chimenea De La Dignidad. Millones de personas, desde Alaska hasta la isla Tristán Da Cunha contribuyeron, con centavos o millones. Ricos millonarios divertidos por aquella nueva clase de caridad simbólica e inútil. Obreros que se privaban del pan para tener un símbolo de redención posible. La Asociación de Lucha contra la Impotencia donó 30 millones por el potencial alegórico de la obra. Un grupo de asaltantes, tras desvalijar un banco del país grande, desviaron un avión hacia el país pequeño y entregaron todo (en realidad, fue solo **casi** todo) el producto de su robo al Máximo Líder, en solemne acto durante el que los hicieron ciudadanos y Héroes De La Patria.

La Chimenea de la Dignidad igualó los treinta metros de ventaja de su competidora, luego llegó al kilómetro (ese día fue decretada Fiesta Nacional en el país pequeño: la palabra EXCELSIOR estaba escrita en todos los muros, hubo bailables callejeros y cerveza y otras bebidas espirituosas en cantidades navegables ¡y gratis!) y lo superó en diez metros más. Costó decenas de muertos, porque a tal altura el viento y el frío empiezan a ser un problema, pero todos eran voluntarios sacrificados. Había que hacerlo... y se hizo. La Chimenea de la Dignidad se había convertido en un nuevo y rutilante símbolo patrio. Por primera vez en mucho tiempo, el pueblo del país pequeño estaba 200% de acuerdo con su afable dictador. ¡EXCELSIOR!

Al fin, la Junta Directiva de la megacorporación del país grande se negó en redondo a elevar un solo metro más su chimenea, ni aún con más subsidios gubernamentales. Estaban al borde de la ruina. Según sus propias palabras, ya resultaba menos gasto quemar el dinero en la propia chimenea que invertirlo en seguir haciéndola crecer. Vendieron sus acciones y dimitieron, incapaces de soportar la presión popular y gubernamental (alguien dijo que era una burla a los sacros principios de la Libre Empresa).

Y de nuevo la ira de su pueblo (por una vez interesado en algo más que en vender caro y comprar barato) no dejó a los dirigentes del país grande más remedio que expropiarle la fábrica a la megacorporación (con una jugosa indemnización, claro), con chimenea y todo, y comunicar que seguiría creciendo a toda costa... De paso, la bautizaron **Chimenea de la Libertad.** (Y en el país pequeño el dictador estuvo menos afable que nunca el día que lo supo, preguntándose por qué no se le había ocurrido A ÉL ese espléndido nombre para SU chimenea...)

En el país grande, una vez que su gobierno metió baza en el asunto, este pasó a ser considerado como de Seguridad Nacional. Se llamaron los mejores expertos (militares, como suele ocurrir), que analizaron el asunto y dieron al punto su competente opinión: ¡Sobrecarga mecánica! ¡Peligro de derrumbe inminente! No solo ya no era rentable seguir elevando la Chimenea de la Libertad a base de más vigas de refuerzo y más ladrillo refractario, sino también **muy** peligroso. Prudentes cálculos de resistencia de materiales indicaban que estaba cercano el punto en que las capas inferiores de la ciclópea construcción tubular simplemente no resistirían más todo el peso que gravitaba sobre ellas, y se quebrarían. Era necesario algo más ligero.

Se abrieron archivos militares secretos, cámaras acorazadas de otras megacorporaciones... y según un proyecto archivado años atrás, de la noche a la mañana cambió revolucionariamente el método de construcción de la chimenea del país grande. Altísimos globos tubulares y huecos, construídos de un nuevo material polimérico (muy secreto, claro) a la vez ligero y refractario (pero llenos de helio y no de hidrógeno, por si acaso) empezaron a ser colocados uno sobre otro, verticalmente. Se mantenían en su posición por contrapesos inferiores, hélices automáticas controladas por computadora... y, por si los vientos arreciaban demasiado, también fueron anclados con recios, seguros y tradicionales cables de sostén a la sólida estructura inferior de viga y ladrillo.

En un solo día la chimenea del país grande se elevó ciento cincuenta metros. Ni el afable dictador ni la prensa del país pequeño ni de ninguno de sus simpatizantes hicieron ningún comentario.

Pero, tres semanas más tarde, una avioneta comercial aparentemente inofensiva disparó tres misiles aire-aire contra la Chimenea de la Libertad, y solo gracias a que los globos estaban llenos de un gas no combustible como el helio se evitó la catástrofe. Pero tuvieron que ser sustituidos cuatro tramos de veinte metros… lo que se aprovechó para hacer crecer al artefacto en cuarenta metros más, como quien no quiere la cosa pero sí la quiere.

El piloto de la avioneta, seguida de cerca por cuatro cazas interceptores de la sofisticada Fuerza Aérea del país grande, se suicidó haciéndola estallar en pleno vuelo. Aunque cierto desconocido **Ejército Ecológico de Liberación del Cielo** reivindicó el ataque, el gobierno del país grande no dudó en culpar públicamente a la envidia del país pequeño y de su egocéntrico dictador.

Los ánimos estaban caldeados y se caldearon todavía más cuando el aún-afable-pero-más-decidido-que-nunca dictador del país pequeño comunicó, una semana después y en rueda de prensa oficial, que científicos de su pueblo habían descubierto cómo fabricar el famoso polímero refractario secreto… y que a partir del día siguiente la Chimenea de la Dignidad también se elevaría mediante estructuras aerostáticas… o más bien aerodinámicas. Sí, porque en vez de pasivos globos tubulares huecos, desde ahora los nuevos tramos consistirían en una especie de esponjas, por las que circularía el humo caliente de la propia chimenea, sosteniéndolas y a la vez depurándose de toxinas. La nueva solución era mucho más ecológica… y sobre todo, mucho más económica, dado que, como en el país grande estaba la única fábrica de helio industrial del mundo, y las relaciones entre vecinos no eran precisamente afables en los últimos tiempos... De paso, para curarse en salud, el Iluminado Gobernante ya culpaba de antemano a la envidia del país grande de cualquier sabotaje que pudiera dañar a la Chimenea de la Dignidad, símbolo del orgullo irreductible de los pueblos, etc, etc... Y claro, de nuevo EXCELSIOR.

En dos semanas las dos chimeneas estaban de nuevo al mismo nivel.

Entonces, la prensa del país grande publicó en primera plana la noticia del arresto de dos de los técnicos implicados en su proyecto el desarrollo de las nuevas estructuras aerotásticas para chimeneas. Se trataba de un matrimonio de bioquímicos, de origen judío, que fueron acusados de vender el secreto del polímero al dictador del país pequeño, y juzgados y condenados a muerte en consecuencia, a pesar del casi unánime clamor internacional por su inocencia y perdón...

Una guardia permanente de cazas con misiles aire-aire y aire-tierra fue designada por cada país para proteger SU chimenea de cualquier ataque terrorista. A la semana siguiente, los nuevos tramos añadidos a la Chimenea de la Libertad también se sostenían con aire caliente, de modo aerodinámico, al estilo *esponjoso* de la chimenea rival, que efectivamente resultó ser más barato. La prensa del país pequeño y sus partidarios señalaron de inmediato el hecho, ridiculizando el inmenso poderío tecnológico y científico del país grande. Al que no le importó demasiado aquello...

La carrera hacia arriba continuó. Al cabo de un año, la Chimenea de la Libertad rebasó la altitud del monte Everest y se convirtió en el **Objeto Más Alto Del Planeta**. Un mes más tarde, la Chimenea de la Dignidad la dejó atrás de nuevo, superando la cota de los diez kilómetros en vertical. En ambos países el oficio de *chimeneísta*, o ensamblador de aeróstatos esponjosos se convirtió en el de mayor prestigio y remuneración, siendo también el más peligroso. No todo podían hacerlo los servomecanismos, seguía siendo imprescindible la heroica intervención humana. Se escribieron libros, se compusieron sinfonías y cantatas y se hicieron películas loando la abnegación de los chimeneístas, que morían a menudo en su arriesgada labor, aún trabajando con paracaídas, trajes de presión, suministro autónomo de oxígeno y otras mil precauciones.

Fue apenas un incidente menor del épico duelo entre chimeneas que un día cualquiera, contrariado por un artículo (aparecido, por supuesto, en la prensa extranjera) que calificaba de patética su gesta, el por-unos-momentos-nada-afable dictador del país pequeño cerrara a cal y canto sus fronteras con el poderoso vecino (y de paso con los demás), y expulsara a **todos** los corresponsales extranjeros acreditados en el país (acusados de espionaje y sabotaje, claro). A partir de ese momento el mundo solo supo del país pequeño lo que voceros del afable dictador, Pastor De Su Nación, comunicaban a través de líneas telefónicas y transmisiones radiales y televisivas cuidadosamente controladas...

Y las dos chimeneas siguieron creciendo. Ya solo con sofisticados medios ópticos podía distinguirse la cúspide. Y la opinión general, sobre todo en los países pequeños, era que la Chimenea de la Dignidad dejaba cada vez más rezagada a su rival.

Al cumplirse el segundo año de la **Carrera en Vertical**, como le llamaban ya todos, un informe ultrasecreto llegó a manos del gobierno del país grande. El documento, redactado con propósitos puramente técnicos, planteaba la irrentabilidad termodinámica de la Chimenea de la Libertad. La chimenea, concebida originalmente como una extructura anexa y para servir a la fábrica, se había convertido en su centro, su eje, su objetivo principal. Y en un voraz dragón mordiéndose su propia cola. Para lograr que se mantuviese en pie sin colapsar por su propio y astronómico peso, como no se trataba de una estructura estática, sino aerodinámica (aunque, paradójicamente, inmóvil) debía circular constantemente por ella gas caliente. Y como, dada su inmensa longitud, el tiro de aire que establecía a nivel del suelo era comparable solo al de un violento huracán, *el consumo de combustible necesario para simplemente* *sostenerla ya había superado desde hacía meses no solo el gasto necesario para la fabricación del doble de tuercas de dos aristas (elemento indispensable... ya, ya) que podría consumir el mundo entero en los próximos cien años, sino inclusive el de toda una fundición de altos hornos y hasta un programa espacial de tamaño mediano. Y si seguía creciendo al ritmo actual, en menos de dos meses tal consumo estaría por encima incluso de la disponibilidad de combustible de TODO el país grande.*

La atenta lectura de este informe por parte de un avispado asesor de Seguridad Nacional, hizo que este formulara una lógica pregunta:

Si tanto nos cuesta A NOSOTROS mantener en pie nuestra chimenea, si tanto combustible consume ¿cómo mantienen nuestros pequeños vecinos funcionando la suya?

¿QUÉ ESTÁN QUEMANDO ESOS LOCOS EN SU CHIMENEA?

El Servicio de Información del país grande, que estaba entre los más eficientes del mundo (también lo estaba el del país pequeño, por cierto), fue obligado a trabajar a todo vapor. Histéricas comprobaciones en busca de evidencias de compras masivas de combustible por el país pequeño, o el descubrimiento aún mantenido en secreto de alguna fuente novedosa de energía, fueron todas negativas. De hecho, los asombrados analistas constataron que desde hacía meses, poco después de la expulsión de los corresponsales extranjeros, no llegaba **ninguna noticia** desde el país pequeño. Silencio total. Pero sus fronteras seguían siendo la misma barrera inexpugnable de siempre: campos minados, alambradas, reflectores y armas automáticas accionadas por ordenador.

Había que averiguar, de algún modo, lo que estaba sucediendo.Una frenética actividad de vuelos de espionaje a alta cota volvió a desarrollarse sobre los cielos del país pequeño. Con pilotos voluntarios, en aparatos sin identificación, tomando toda clase de precauciones... por si acaso.

En los últimos meses, tales vuelos se habían suspendido porque el país pequeño había desangrado nuevamente su ya agonizante presupuesto, y comprado (a la filial de una conocida empresa fabricante de armamentos... del país grande, por supuesto) varios interceptores estratosféricos que, al menos teóricamente, podían causar **algunos problemas** a los aparatos de reconocimiento fotográfico de su gran vecino. De hecho, derribaron uno, cuyos restos el afable dictador presentó muy orondo en los foros internacionales, como pruebas incontestables de descarada injerencia en sus asuntos internos. Haciendo así sudar tinta a los diplomáticos del país grande...

Pero esta vez los cazas estratosféricos del país pequeño brillaron por su ausencia. Y las fotografías tomadas por los sofisticados espías aéreos, lejos de tranquilizar a los analistas, los confundieron aún más, por tres razones.

La primera, que ni elevándose hasta su techo máximo de altitud (un poco más de ochenta kilómetros) habían logrado los aviones distinguir siquiera el final de la Chimenea de la Dignidad.

La segunda, que en los últimos kilómetros observados el material de esta parecía haber cambiado, volviéndose más... heterogéneo podría ser la palabra.

La tercera, que **todo** el país pequeño, visto desde el aire, aparecía desierto, plano como una mesa, sin casas, carreteras ni fábricas... ni siquiera aquella de tuercas de dos aristas (ni hay que decirlo) que antaño fuera su orgullo nacional. Ni siquiera (las cámaras de los aviones espías del país grande eran **muy** sensibles) se veían personas, ni animales, ni árboles. Solo la Chimenea de la Dignidad, vertical, colosal, como el tallo de un árbol monstruosamente alto y fino, solo ella aparecía en las fotografías y películas. Erecta, solitaria... a pesar de que, evidentemente, ningún flujo de gas caliente la sostenía.

¿Cómo había logrado el pequeño y pobre vecino tan tremendo crecimiento de su chimenea? ¿Qué nuevo material era aquel y de dónde había salido? ¿Cómo no se desplomaban aquellas decenas de miles de toneladas de estructuras, sin sostén aerodinámico alguno? ¿Qué había sucedido con toda su población, sus casas, hospitales, fábricas y automóviles?

Era incomprensible. Era imposible. Parecía un milagro.

Históricamente son los militares los que suelen encargarse de la recopilación y análisis de la información. Y no creen en milagros, por principio. En su paranoica mente, existe una igualdad entre los términos Incomprensible e Inexplicable por un lado, y Sospechoso y Amenazador por el otro.

La teoría de que el dictador, definitivamente enloquecido, había soterrado todo su país para convertirlo en una fortaleza que sirviera de soporte a la nueva y desconocida arma de exterminio en masa que era realmente la supuesta Chimenea de la Dignidad surgió y ganó adeptos entre los militares del país grande en cuestión de horas.

Si tal cosa era cierta, resultaba obviamente **muy peligroso**. Y los militares de todas las partes y tiempos tienen un modo único de reaccionar ante el peligro, o su simple sospecha...

Esa misma noche, comenzó la Operación Deshollinador. Cuatro divisiones de tanques del país grande, con apoyo artillero y abundante infantería, cruzaron la frontera fortificada del país pequeño, dispuestos a todo por proteger a su país y al mundo de la amenaza letal de un dictador enloquecido esgrimiendo el garrote nuclear... o algo peor.

No encontraron más resistencia que el fuego de respuesta automático de las armas robóticas, pronto acallado. Tras la frontera, el país pequeño estaba efectivamente desierto. Ni las más cuidadosas exploraciones con geófonos (una especie de sofisticado sonar subterráneo) ni frenéticas excavaciones al azar mostraron ningún indicio de masivas fortificaciones soterradas. Lo que, lejos de tranquilizar a los generales que comandaban la Operación Deshollinador, los sumió en un pánico paranoico tal, que en un plazo récord lograron que dos de los sátelites militares de observación de los que disponía el país grande (ser rico permite lujos hasta en el espionaje) fuesen desviados de inmediato para escudriñar hasta las moléculas el sospechosamente desierto territorio del país pequeño y su ciclópea y sospechosa Chimenea de la Dignidad.

Los sofisticados medios de observación espacial confirmaron definitivamente que tampoco había NADA oculto bajo la desierta superficie del país pequeño. Y en cuanto a la chimenea... las imágenes trasmitidas resultaron tan increíbles que, a un costo inmenso, esa misma semana el gobierno del país grande envió al espacio una misión tripulada para comprobarlas in situ.

El resultado de tal inspección determinó el desmantelamiento definitivo de la Chimenea de la Libertad y que el despoblado país pequeño pasara, de estar militarmente ocupado, a ser una provincia más del país grande, viejo sueño de sus gobernantes. Que, ante las protestas del mundo y todas sus organizaciones por tal flagrante anexión, solo sonrieron... y ofrecieron retransmitir las imágenes captadas por sus astronautas, gratuitamente y para todo el planeta a la vez.

Así, el mundo entero, atónito, tuvo ocasión de ver, como, tras una casi acrobática maniobra de acoplamiento, los hombres del transbordador **Nexus** caminaban por los últimos kilómetros de la Chimenea de la Dignidad gracias a las suelas adhesivas de sus escafandras.

De asombrarse, como ellos, al comprobar que los últimos tramos de la súper chimenea no estaban formados por polímeros de nuevo tipo, sino por un conglomerado heterogéneo de pedazos de madera, ladrillos comunes, árboles, automóviles, que de algún modo inimaginable, burlándose de todas las leyes de la física, se mantenía en pie.

De asombrarse y horrorizarse, al descubrir que, hacia el final, ya no eran trozos de casas, y muebles caóticamente ensamblados lo que formaba la chimenea. Sino un amasijo de cuerpos, una urdimbre de seres humanos. Estrechamente abrazados, los músculos en tensión para lograr la máxima longitud, la máxima extensión de sus propias anatomías. Congelados en el tremendo frío del espacio. Pero sonrientes, fundidos ya para siempre con SU proyecto, SU orgullo, SU chimenea.

Y, en la cúspide de aquel tremendo e imposible obelisco a la abnegación, el sacrificio y la terquedad infinitas del pueblo del país pequeño, el último de todos, el único con los brazos libres, el afable dictador.

Encabezando aún a su confiada nación, con el gesto orgulloso, las manos tendidas al infinito, como queriendo ir aún más allá.

Convertido en su propia estatua para toda la eternidad: la boca entreabierta, como pronunciando su orgulloso EXCELSIOR... y sonriendo, triunfante...

6 de noviembre de 2000

ÍNDICE

¡PRILOGANDO!   9

APOLVENUSINA   15

MOUSSE DE BIOCHOCOLATE ESPACIAL
A LA SOLITARIA...
PARA DOS COMENSALES   25

ELEGIDO PARA LA EVOLUCIÓN   37

EL GLOBO DE BRONCE   45

CANIS, CAPUCHA, CONTAGIO...   53

LA CONJURA KURGAN   67

WABHAL EL COPROMANTE   81

LA SAGA DE YÖNKEL EL VOLAO   97

PERMISO PARA HELICÓPTEROS   115

MARICONÁ GORDA   125

SALUD PARA TODOS   143

LOS MEANDROS DE LA HISTORIA   157

LAS CHIMENEAS   177